John Selby, geboren 1945 in Kalifornien, studierte nach Abschluß seines Psychologiestudiums an der Princeton University und der University of California unter Alexander Lowen und Charles Kelley Bioenergetik. Anschließend wurde er durch Alan Watts und Krishnamurti in spiritueller Heilkunst unterrichtet und nahm das Studium der Bio-Physik unter R. Abraham auf. Er beteiligte sich an Forschungsarbeiten des Neuro-Psychiatric-Institute unter Professor Osmond und entwickelte Sehverbesserungsprogramme für Apple- und IBM-Computer. Neben seiner Arbeit als Therapeut ist John Selby durch zahlreiche Veröffentlichungen in den Bereichen Persönlichkeitsentfaltung und Gesundheitsvorsorge bekannt geworden. Er lebt heute in Kilauea, Hawaii.

Von John Selby sind außerdem erschienen:

»Hilfe für angestrengte Augen« (Band 7890)
»Jung und vital bleiben« (Band 7891)
»Liebevolle Massage« (Band 7892)
»Abschied vom Bauch« (Band 7893)
»Gut schlafen« (Band 7894)
»Gutes Sehen über 40« (Band 7896)
»Gesunde Liebe zum Geld« (Band 7897)
»Intuition und Lebenskraft« (Band 7898)
»Die Macht unserer Träume« (Band 7899)

Deutsche Erstausgabe Mai 1991

Titel der Originalausgabe »Let there be Alcohol«

Umschlaggestaltung Adolf Bachmann, Reischach
Umschlagillustration Brigitte Smith, München
Satz MPM, Wasserburg
Druck und Bindung Elsnerdruck, Berlin
Printed in Germany 5 4 3 2 1
ISBN 3-426-07895-3

John Selby: Alkohol

Die Kunst der Mäßigung

Aus dem Amerikanischen von Peter Hübner

Knaur

Auskunft über Seminare mit John Selby erhalten Sie bei:

Wolfgang Gillessen
Ettalstr. 42 a
8000 München 70

Inhalt

Vorwort

Es ist ein merkwürdiges Phänomen, daß viele Menschen danach trachten, ihr natürliches Erleben des gegenwärtigen Augenblicks mit Hilfe von Alkohol zu verändern. Mindestens die Hälfte der Erwachsenen unserer Gesellschaft gibt sich diesem stark wirkenden Ritual einmal in der Woche oder öfter hin. Aus der Sicht eines außerirdischen Besuchers könnte dieses universell verbreitete Verhalten ausgesprochen rätselhaft erscheinen. Warum nehmen diese Wesen gewohnheitsgemäß Getränke zu sich, die ihre Wahrnehmung der Realitäten derart stark und häufig sogar auf gefährliche Weise verändern?

Ein Ausgangspunkt dieses Buches ist, daß wir durchaus gute Gründe haben, uns gelegentlich ein Getränk genehmigen zu wollen. Wenn wir überlegt mit Alkohol umgehen, kann er uns das Leben verschönern und bereichern. Die menschliche Beziehung zum Alkohol besteht seit Tausenden von Jahren, und sogar unsere wichtigsten Religionen verwenden Alkohol bei ihren bedeutendsten Riten.

Doch unser außerirdischer Besucher würde wahrscheinlich die positiven Auswirkungen des Alkoholgenusses gar nicht bemerken, sondern nur die verheerenden Folgen, die Alkohol anrichten kann. Furchtbare Autounfälle auf den Straßen, permanente körperliche und geistige Schäden, die übelsten Formen von Gewalttätigkeit, Kindesmißhandlung und nicht enden wollende Familiendramen lassen keinen Zweifel, daß Alkohol einer der schlimmsten Feinde der Menschheit ist.

Doch die Lösung des Alkoholproblems ist auch nicht im Verbot von alkoholischen Getränken zu suchen, sie kann vielmehr nur darin bestehen, den Umgang mit diesem mächtigen chemischen Einfluß auf unser System von der Vernunft bestimmen zu lassen, Alkohol in Maßen zu genießen oder ganz darauf zu verzichten, wenn das angezeigt sein sollte.

Dieses Buch hat die Aufgabe, mit Ihnen einen Weg der vernünftigen Mäßigung beim Genuß von Alkohol zu erforschen, damit Sie zu einer realistischen Einschätzung Ihrer gegenwärtigen Trinkgewohnheiten gelangen können. Zusätzlich sollen Sie die wirksamsten und erfreulichsten Wege erlernen, Ihren Alkoholkonsum zu verringern, falls das empfehlenswert erscheint.

Die Herausforderung besteht darin, für uns selbst zu entdecken, wie wir Alkohol besser genießen können, während wir immer weniger davon benötigen, um jenen besonderen Bewußtseinszustand zu erlangen. Eine weitere Herausforderung ist zudem, selbstzerstörerische Trinkgewohnheiten abzubauen und solche zu pflegen, die Ihren emotionellen, sozialen und intuitiven Erfahrungsbereichen dienlich sind.

Ich hoffe, daß diese Diskussion und die praktischen Programme, die ihr zugrunde liegen, für diejenigen unter Ihnen von Wert sein werden, die dazu neigen, es beim Trinken regelmäßig etwas zu übertreiben, wie auch für diejenigen, deren Freunde ihre Vernunft dabei außer acht lassen. Als Therapeut habe ich mit vielen Patienten gearbeitet, die mit ihrer Neigung zum Alkoholmißbrauch kämpften. Und da ich erlebt habe, wie zahlreiche Menschen es schaffen, zum gemäßigten Alkoholgenuß überzugehen, bin ich überzeugt, Ihnen hier wirksame Methoden anbieten zu können. Mit ihnen läßt sich die persönliche, soziale und berufliche Hochachtung erreichen, die jemandem zuteil wird, der es meistert, seine Trinkgewohnheiten auf ein vernünftiges Maß zu verringern.

Gleichzeitig möchte ich jedoch zu Beginn klarstellen, daß Mäßigung nicht jedermanns Sache ist. Langzeitalkoholiker, die körperlich und emotionell vom Alkohol abhängig sind und ohne ihn den Alltag nicht durchstehen, können zwar von der Erforschung des Inneren und den praktischen Vorschlägen, die hier zu erlernen sind, in hohem Maße profitieren. Doch die Statistiken zeigen, daß man bei steigender und längerer Abhängigkeit Hilfe von außen benötigt, um sich vom Suchtverhalten zu befreien und zur völligen Enthaltsamkeit zu gelangen.

Neuere Studien haben jedoch gezeigt, daß für die meisten unter Ihnen, die zwar über ihre gesunden Grenzen hinaus trinken, aber nicht als ernsthaft suchtgefährdet betrachtet werden müssen, der Weg hin zur vernünftigen Mäßigung leichter und in mancher Hinsicht lohnender sein kann, als vollkommene Enthaltsamkeit.

Es versteht sich von selbst, daß Ihre Eigenmotivation der Schlüssel sein wird, wenn Sie das vernünftige Maß an Alkoholkonsum erreichen wollen. Die Tatsache, daß Sie dieses Buch in die Hand genommen haben, ist bereits ein Anzeichen dafür, daß Sie wirklich daran interessiert sind, wirksame Wege zur Verringerung Ihres Alkoholkonsums zu erlernen. Sie sollen sich dabei gerne die Freiheit erhalten, alkoholische Getränke in einem gesunden Ausmaß zu genießen.

Jüngere Forschungsstudien belegen, daß das selbständige Erlernen des moderaten Umgangs mit Alkohol, nur unterstützt von schriftlichen Anleitungen, überraschend erfolgreich ist. Ich habe kürzlich die Ergebnisse eines solchen Forschungsprojekts nachgelesen, bei dem relativ gemäßigte Alkoholsünder lediglich die grundsätzlichsten schriftlichen Anleitungen zur Anwendung der wirksamsten Methoden erhalten hatten. Von dieser Gruppe konnten 72 Prozent innerhalb von drei Monaten ihren Alkoholkonsum beträchtlich verringern.

Menschen haben leider doch eine ausgeprägte Neigung dazu, den Alkoholgenuß zu übertreiben, ihn zur Flucht zu benutzen, statt ihn als Mittel anzuwenden, besser mit sich selbst und ihren

Freunden zu kommunizieren. Aber wie wir wissen, haben Menschen auch das Potential, selbstzerstörerische Verhaltensmuster umzukehren und eine positivere Beziehung zum Alkohol zu erreichen.

In diesem Buch möchte ich Ihnen praktikable Methoden der Verhaltensänderung erläutern, die bei Studien wie der gerade erwähnten eingesetzt wurden. Meine langjährige Erfahrung mit Patienten, denen ich die Handhabung dieses Werkzeugs beigebracht habe, hat mir Wege aufgezeigt, wie man diese Methoden zu Bestandteilen des täglichen Lebens machen kann.

Ich möchte aber auch weit über die einfachen Methoden der Veränderung von Trinkgewohnheiten hinausgehen und gemeinsam mit Ihnen tieferreichende Wege untersuchen, immer geringere Mengen Alkohol zu genießen. Bei entsprechender Vorbereitung und persönlicher Einstellung kann ein einziges Getränk bereits ein wirksames Mittel hin zur Erweiterung des spirituellen Bewußtseins werden. Es aktiviert dann Ihr problemlösendes, intuitives Potential, verbessert tiefergehende Kommunikation unter Freunden und bietet zusätzlich den reinen Genuß der Sinnesfreude im gegenwärtigen Augenblick.

Auch ist es wichtig, Ihnen bewußt strukturierte Freiräume zu bieten, um über Alkoholerfahrungen der Vergangenheit zu reflektieren, wobei die Erinnerung zum Mittel der Einsicht wird. Durch derartige aktive Reflexionen in Verbindung mit gegenwärtigen Beobachtungen und Gewohnheitsveränderungen entsteht die Kraft und Entschlossenheit, die Sie sich wünschen, um in eine Zukunft zu gehen, in der Alkohol eine besondere Ergänzung des Lebens ist, nicht eine zwanghafte Gewohnheit.

Ihre persönlichen Grenzen in verschiedenen Situationen zu entdecken und sich daran zu halten, wird in allen Dimensionen Ihres Lebens ein wichtiger Schritt sein, wobei Ihre Selbstachtung zunimmt, und Ihr Gefühl, das Leben zu meistern, ebenfalls wächst. Ich kann Ihnen das Werkzeug zur Erforschung dieser

Kernfrage bieten und Ihnen auch die anzuwendenden Erfolgsmethoden beibringen. Ich kann Ihnen die jüngsten Erkenntnisse aus Psychologie und Medizin über die Wirkung von Alkohol auf Körper und Geist mitteilen. Doch nur Sie alleine können entscheiden, welche gesunden Grenzen Sie für sich setzen wollen. Nur Sie können aktiv werden, um diese realistischen Ziele zu verwirklichen.

Ich empfehle Ihnen, das Programm in diesem Buch drei Monate lang mit zumutbarer Hingabe anzuwenden, ohne daß Sie dabei übermäßig hart mit sich selbst umgehen müssen. Wenn Ihre Persönlichkeit so beschaffen ist, daß Sie den Weg der Mäßigung tatsächlich erfolgreich gehen können, werden Sie innerhalb dieser Frist zweifellos eine bedeutende Verringerung Ihres Alkoholkonsums verzeichnen. Sollten Sie jedoch nach drei Monaten feststellen, daß sich Ihre Trinkgewohnheiten nicht verändert haben, stempeln Sie sich bitte nicht zum Versager ab. Nehmen Sie vielmehr zur Kenntnis, daß Sie ein Mensch sind, der mit therapeutischer Hilfe lieber die vollständige Enthaltsamkeit anstreben sollte, nicht eine Konsumminderung, und suchen Sie derartige Hilfe auf.

Doch glaube ich, daß die Mehrheit von Ihnen Erfolg haben wird. Ich hoffe, Sie genießen jeden Schritt des Weges hin zur Beherrschung der lebenswichtigen Kunst der Mäßigung! Ich möchte betonen, daß der leichte, entspannte und fröhliche Umgang mit jedem meiner Vorschläge der beste Weg ist, mit einem solchen Programm zum Ziel zu gelangen. Das wird gelingen, indem Sie freundlich mit sich selbst umgehen, sich realistische Ziele setzen und sich die Zeit lassen, diese auch zu erreichen.

Also fordere ich Sie gleich zu Beginn auf, tief durchzuatmen, Ihren gegenwärtigen Konsum als für jetzt genehmigt zu akzeptieren und den Vorgang zu genießen, den wir nun gemeinsam erforschen werden.

Einleitung

Alkohol und die menschliche Natur

Diverse religiöse und politische Bewegungen waren gelegentlich erfolgreich in ihrem Bestreben, den Alkoholgenuß innerhalb ihrer Gefolgschaften zu verbannen. Auch hat es im Verlauf der Geschichte immer eine Minderheit gegeben, die es einfach ein Leben lang vorzog, keinen Alkohol zu trinken. Doch im großen und ganzen sind wir Gefolgsleute einer 5000 Jahre alten Tradition. Die meisten von uns genießen zumindest gelegentlich die Freuden, die der Alkohol in uns erweckt.

Daher sollten wir die Diskussion mit der direkten Frage an uns selbst beginnen: Welche triftigen Gründe können wir angeben, um Alkohol zu trinken? Wir sind uns unterdessen doch der gesundheitlichen sowie psychischen Gefahren dabei durchaus bewußt.

Die Geschichte zeigt, daß unsere Ahnen schon alkoholische Getränke zu sich genommen haben. Sie taten das aus Spaß, aber auch im Rahmen religiöser Traditionen; Alkoholgenuß ist somit auch Teil unseres kulturellen Erbes.

Genauer betrachtet trinken wir Alkohol, weil er unser Bewußtsein spürbar in Richtungen hin verändert, nach denen wir uns zu sehnen scheinen. Ungeachtet des Ausmaßes an Schäden, die Alkoholmißbrauch über die Jahrtausende mit sich brachte, erfuhr jede Generation auch tiefgreifende spirituelle Einheit und Einsicht durch das Ritual des Trinkens, das auch Bestandteil kultischer Handlungen war.

Aus psychologischer Sicht scheinen Menschen eine naturgegebene Neigung zu haben, veränderte Bewußtseinsebenen anzustreben und sie zu erforschen. Wir sehnen uns danach, unsere üblichen Geistes- und Gefühlsgewohnheiten zu überschreiten. Alkohol ist einer der wirksamsten, billigsten und überall erhältlichen chemischen Katalysatoren zur Herbeiführung von veränderten Bewußtseinszuständen. Die Tatsache, daß derartige Veränderungen oftmals in negative Richtungen gehen, hebt in keiner Weise die potentiell positive Kraft des Alkohols auf.

Auch neigen wir dazu, unseren emotionellen Ausdruck entsprechend unserem Kulturgefüge eher zurückzuhalten. Eine Auswirkung des Alkohols ist jedoch, diese Blockade unserer Emotionen vorübergehend zu lockern, unsere Hemmschwellen zu senken und uns die Freiheit zu verschaffen, Dampf abzulassen, uns ehrlicher mitzuteilen und uns einfach besser zu amüsieren.

Ein anderer psychologischer Aspekt ist sicherlich der, daß wir sehr häufig trinken, um uns zu entspannen. Alkohol wirkt dämpfend auf das Zentralnervensystem, und daß er die Muskeln nach einem harten Tag Arbeit wirksam entspannen läßt, ist nicht zu leugnen.

Wenn wir es ehrlich betrachten, trinken wir oftmals nur, weil wir uns langweilen, oder weil wir uns in der gegenwärtigen Situation irgendwie unzufrieden fühlen. Wenn wir unserem momentanen Geisteszustand, unserer Umgebung oder emotionellen Problemen entkommen wollen, können wir uns in einen Zustand hineintrinken, in dem alles, was uns bedrückt, verschwommen wirkt. Die Flucht ist allerdings kurzlebig und letztendlich keine wirkliche, doch der Versuchung, in alkoholisierte Euphorie einzutauchen, haben wahrscheinlich die meisten von uns bereits einige Male nachgegeben.

Angemerkt werden sollte auch, daß wir Alkohol zu uns nehmen, um — manchmal mit Erfolg und manchmal ohne — unseren kreativen und problemlösenden Geist anzuregen. Viele Künstler schwören auf ein Glas Wein oder auch auf Härteres, um ihre Kreativität in Gang zu bekommen.

Ungeachtet des genauen Grundes trinken wir letztendlich jedoch, weil wir eine Verschiebung unserer gegenwärtigen Bewußtseinsebene anstreben. Es gäbe ja keinen Anlaß, etwas zu trinken, das unser Gefühl verändert, wenn wir mit diesem Gefühl zufrieden wären.
Überlegen Sie einmal, warum Sie trinken. Entsprechen Ihre Trinkgewohnheiten den allgemeinen Gründen, die ich nannte, oder haben Sie besondere Gründe, sich oft des Alkohols zu bedienen?

1

Gelegentlich ein Schluck — Ein Schluck zu jeder Gelegenheit?

Ich vermute, daß wir alle einige Leute kennengelernt haben, die dem Alkohol verfallen sind oder waren, die vor den harten Realitäten des Lebens in den verschwommenen Nebel des chronischen Alkoholismus flüchten. Bei vielen Menschen ruft alleine der Gedanke an Alkohol leidenschaftlich negative Reaktionen hervor. Wenn man erlebt hat, welche furchtbaren Folgen das Trinken im Leben eines geliebten Menschen haben kann, entwickelt man natürlich eine feindselige Haltung gegenüber dem Wirkstoff, der die Tragödie begünstigt hat.

Während ich an diesem Buch arbeite, fallen mir ein halbes Dutzend Fälle ein, die mein Leben berührten und schwerwiegende Traumen in meiner Gefühlswelt hinterließen. Ein Teil von mir verdammt daher den Alkohol, wünscht mit aller Kraft, es hätte ihn nie auf dieser Welt gegeben. Auch kenne ich einige Leute sehr gut, für die ein einziger Schluck Alkohol den Absturz in ihr früheres Dasein als Alkoholiker bedeuten würde. Soviel steht fest: Alkohol ist nicht jedermanns Sache.

Dennoch halte ich es für wichtig, ein positives Buch über unsere Beziehung zum Trinken zu verfassen. Das zum Teil, weil die meisten von uns weitertrinken werden, ungeachtet der Opposition dagegen. Aber auch deshalb, weil der Alkohol eine so mächtige Rolle bei der Entwicklung unserer Zivilisation gespielt hat und als einflußreicher, uralter und manchmal nicht unerwünschter Begleiter unserer Entwicklung einige Beachtung verdient.

Eine gute Methode, auf den Kern des Phänomens Alkohol zu kommen, ist die Betrachtung der verschiedenen Stätten, Situationen und Anlässe, wo Menschen häufig trinken. Als einen ersten Schritt hin zu einer erweiterten Betrachtung Ihrer eigenen Trinkgewohnheiten können Sie Ihre persönlichen Gewohnheiten mit diesem allgemein gehaltenen Überblick vergleichen. Sie können daraus bereits Denkanstöße für positive Veränderungen beziehen.

Interessanterweise gehören die Kirchen, Schreine und antiken Tempel zu den ersten Stätten in unserer Geschichte, in denen Menschen Alkohol tranken. Die christliche Tradition hat die Verwendung von Alkohol auf der Grundlage des Rituals Christi beim Letzten Abendmahl bis in die heutige Zeit beibehalten. Viele Menschen, die sonst keinen Tropfen anrühren, nehmen in der Kirche Wein zu sich.

Eine weitere Gelegenheit, bei der der Alkoholkonsum fast wie ein Ritual dazugehört, ist das Essen im Restaurant. Ein Cocktail oder Aperitif vorweg, Wein oder Bier zum Hauptgang, vielleicht ein Cognac danach — das sind auf der ganzen Welt fest etablierte Gewohnheiten. Machen Sie nun eine kurze Pause, und überlegen Sie sich, wie oft Sie bei einem Restaurantbesuch alkoholische Getränke mitbestellen. Trinken Sie bei solchen Gelegenheiten zuviel, oder genießen Sie Alkohol in Restaurants in Maßen und vernünftig?

Vor allem bei Geschäftsessen spielt der Alkohol eine von der Gesellschaft akzeptierte Rolle. Kunden und Partner werden bewirtet, Verträge besprochen und Strategien überlegt, während man sich einige »geistige« Getränke gönnt. So ist das Trinken bei Männern und Frauen am Restauranttisch zur Selbstverständlichkeit geworden.

Oft gelangt Alkohol ganz absichtlich in Reichweite von politischen Mitstreitern, und Entscheidungen von enormer Tragweite für die Zukunft eines Staates entstehen unter dem Einfluß von Gebranntem und Destilliertem. Wer kann sagen, wie weit die gesamte Geschichte der Menschheit von den Auswirkungen des Alkohols auf Entscheidungsvorgänge beeinflußt wurde. Wir wissen wohl, daß Alkohol Tatsachen verdrehen kann und Köpfe in Richtungen wendet, in die sie nüchtern nicht geblickt hätten.

Auch sonst findet man Alkohol am Arbeitsplatz. Er kann für einen hastigen Schluck oder zwei in der untersten Schublade verborgen liegen oder dort ganz offen präsent sein, wo das Bier die harte Arbeit ständig begleitet. In manchen landwirtschaftlichen Gebieten ist Wein Teil der täglichen Routine. Überlegen Sie auch hier einen Augenblick, ob und wieviel Sie während der Arbeitszeit trinken. Wenn ja, inwieweit glauben Sie, daß das Trinken die erfolgreiche Erledigung Ihrer Arbeit beeinträchtigt?

Im Urlaub und bei Ausflügen ist das Trinken weit verbreitet. Eine romantische Vorstellung ist das Picknick im Sommer, vielleicht mit der obligatorischen Flasche Wein. Zu Fußballspielen und manch anderen Sportveranstaltungen gehört oft Bier und der Schnaps aus dem Flachmann. Zur Rast während einer Wanderung gehört für viele Menschen der Alkohol. Und was wäre für manche eine Grillparty ohne etwas »Vernünftiges« zu trinken in der Hand? Wie steht es mit Ihnen? Genießen Sie solche Veranstaltungen in der freien Natur am liebsten bei völlig klarem Kopf, oder finden Sie sie erträglicher, wenn Sie einige Getränke zu sich genommen haben? Denken Sie einen Augenblick über Ihre Gewohnheiten nach.

Wenn Regen einsetzt, der Schnee wirbelt und die Winde pfeifen, eilen wir rasch nach drinnen, aber nicht weit weg von unserem nächsten Getränk. Kneipen findet man fast in jeder Gegend. Traditionell bestand die Hauptkundschaft von Lokalen aus Männern, die sich nach der Arbeit und vor dem Abendessen mit der Familie einige Gläser gönnten. Tatsächlich wurde das Trinken früher für eine überwiegend männliche Eigenschaft gehalten. Doch heutzutage hat sich das grundsätzlich geändert.

Die Kneipen und Bars der Städte sind Treffpunkte aller Arbeitenden, ungeachtet des Geschlechts. Als gesellschaftliche Versammlungsorte bieten Kneipen ihren Gegenden wichtige gemeinschaftliche Austauschmöglichkeiten. Besonders Menschen, die am kirchlichen Gemeindeleben oder an sonstigen Versammlungen nicht teilnehmen, bieten Kneipen eine alternative Begegnungsstätte. Natürlich nutzen viele Leute die Kneipen, um sich dort zu lange niederzulassen und um dem gesellschaftlichen Leben aus dem Weg zu gehen, statt es zu ergänzen. Wie ist es bei Ihnen, besuchen Sie Kneipen und Lokale? Wenn Sie es tun, lassen Sie sich von Ihrer Vernunft leiten, oder sind das Plätze, an denen Sie sich zu oft gehenlassen?
Ich erinnere mich an eine Sommerreise durch die Schweiz, bei der ich in einem Pendlerzug eine Bar entdeckte, in der der wildeste Haufen von Managern tobte, den ich je irgendwo erlebt hatte. Leute trinken gern in Zügen oder Flugzeugen, bei Bootsfahrten und ähnlichem. Unterwegs zu sein ist für viele Menschen ein besonderer Anlaß zu trinken. Man ist fort von der gewohnten Umgebung, die Hemmungen des Alltags sind längst über Bord, und Alkohol ist der Schmierstoff, der uns die übliche Zurückhaltung entgleiten läßt. Betrachten Sie Ihre eigenen Erinnerungen an Zeiten, zu denen Sie auf Reisen waren. Was entdecken Sie da?
Der Besuch bei Freunden kann auch die Gelegenheit sein, ein »Faß aufzumachen«, das Eis für die Mixgetränke aus dem Gefrierfach oder die Karaffe aus der Vitrine zu holen. Es gibt Menschen, die sonst kaum etwas trinken, aber bei den allwöchentlichen Treffen mit Freunden riesigen Spaß haben. Da lockert der Alkohol die zwischenmenschlichen Spannungen und beschwingt den Abend mit einer genüßlich euphorischen Stimmung.
Der Besuch bei Freunden beginnt für uns häufig mit der Begrüßung: »Hallo, wie geht's? Was kann ich dir anbieten?« Sind Sie

ein Mensch, der oft antwortet: »Danke, mir geht's gut. Nichts Alkoholisches für mich bitte.« Oder steigen Sie sofort in das Ritual ein und sagen: »Schön, dich zu sehen. Danke, mir bitte auch ein Glas.«

Als weiterer Ort, an dem viel Alkohol getrunken wird, ist natürlich das eigene zu Hause nicht zu vergessen. Was da abläuft, ist sehr wichtig, besonders wenn man alleine lebt, denn dann herrschen keine familiären Rituale und keine regulativen Elemente, die steuern, ob man, wieviel man und wie schnell man trinkt. Alleine zu trinken kann manchmal Spaß machen und auch kreative Bemühungen unterstützen. Doch all zu oft führt das Trinken zu Hause in den Alkoholismus.

Betrachten Sie Ihre eigenen heimischen (und heimlichen) Trinkgewohnheiten. Trinken Sie eher mit Ihrem Partner oder Ihrer Partnerin, Ihren Freunden oder Verwandten, oder trinken Sie lieber alleine?

So oder so, haben Sie beim Trinken zu Hause ein gutes Gespür für die ratsamen Grenzen, oder ist das der Ort, wo Sie häufig über den Durst trinken?

Wir kommen später darauf zurück, damit Sie handfeste Richtlinien für das Beobachten und Einschätzen Ihrer Trinkgewohnheiten in jeder Situation erhalten. Worauf ich hier hinaus will, ist die grundsätzliche Frage, ob Sie bereits Ihre gesunden Grenzen in jeder der Situationen festgestellt haben. Dazu kommt die Frage, ob Sie sich gegenwärtig innerhalb dieser Grenzen bewegen oder ob Ihnen Situationen Kummer machen, in denen Sie oft zuviel trinken.

Ich möchte Ihnen einige Richtlinien geben, die ausschlaggebend für das Bestimmen und Erkennen von vernünftigen Grenzen sind. Drei Hauptfaktoren müssen berücksichtigt werden, wenn es darum geht, ob jemand in Grenzen trinken kann, wo er noch als vernünftig und selbstbeherrscht gelten kann.

An erster Stelle steht die Frage der Körpergröße und des Gewichts. Wie der Alkohol Geist und Körper beeinflußt, hängt von seinem Anteil in Ihrem Blut ab. Je größer und schwerer Sie sind, desto mehr Alkohol werden Sie trinken, um einen bestimmten Rauschzustand zu erreichen. Deshalb trinken große Männer die kleinen unter den Tisch.

Der zweite Faktor, der oftmals übersehen wird, ist das Geschlecht. Frauen sind bei der gleichen Menge Alkohol schneller betrunken als vergleichbar große oder schwere Männer. Das ist keine sexistische Behauptung, sondern eine medizinische Tatsache. Wenn eine Frau und ein Mann daher gemeinsam die gleichen Mengen Alkohol trinken, wird die Frau eher betrunken sein.

Der dritte Faktor ist die Geschwindigkeit, mit der Sie den Alkohol trinken. Sind es drei Getränke innerhalb einer halben Stunde, wird Ihr Blutalkohol höher sein, als wenn Sie die drei Getränke über drei Stunden verteilt trinken.

An den ersten beiden Faktoren, Ihrem Geschlecht und Ihrer Körpergröße, können Sie nichts ändern. Den dritten Faktor bestimmen jedoch ausschließlich Sie. Das klingt zwar selbstverständlich, aber es lohnt sich, gründlicher darüber nachzudenken.

Als nächsten Schritt möchte ich aber die verschiedenen positiven Gründe untersuchen, die Sie zum Alkoholgenuß anregen. Dann können Sie einschätzen, inwieweit Alkohol Ihren momentanen Aktivitäten zuträglich ist, und auch, zu welchem Grad er vielleicht Ihre Lebensziele unterminiert. Althergebrachte Trinkgewohnheiten können uns ein Leben lang in ständigem Versagen und einem niedrigeren Selbstwertgefühl gefangenhalten, wenn wir sie nicht bewußt identifizieren und etwas dagegen unternehmen. Ich kenne einen Schriftsteller, der ständig einige Gläser Wein beim Schreiben trank, doch jahrelang erfolglos blieb. Als er das Trinken bei der Arbeit aufgab, verkaufte er sein nächstes Buchmanuskript. Wir sind uns einig, daß dies

darauf zurückzuführen ist, daß er bei völlig klarem Kopf fähig war, stilistisch nuancierter zu schreiben.
Wir alle sind kreative Wesen. Daher sollten wir uns auch alle die Frage stellen, wie uns der Alkohol bei unseren kreativen Vorhaben hilft oder behindert, und dann entsprechend handeln.

2

Alkohol und Kreativität

Seit der Antike wird Alkohol als ein Mittel zur Anregung von kreativer Aktivität gepriesen. Künstler sind natürlich dafür verschrien, unzählige psychoaktive Mittel zu verwenden, um Wahrnehmungsveränderungen herbeizuführen, und Alkohol ist nur eine der dabei beliebten Drogen.

Doch die meisten von uns sehnen sich gelegentlich nach einer neuen Sicht der Welt. Wir versacken dermaßen in unseren gewohnheitsmäßigen Mustern, daß sie langweilig werden, sogar hochgradig einschränkend, als lebten wir im Gefängnis unserer eigenen Wahrnehmungen und Verhaltensweisen.

Alkohol ist ein legales, recht kostengünstiges und gesellschaftlich akzeptiertes Mittel, um den Staub unseres Alltags aus dem Geist zu waschen. Plötzlich empfinden wir uns von unserer emotionellen und wahrnehmenden Programmierung befreit. Uns fallen brillant klingende Ideen ein, so als ob die Muse der Kreativität uns tatsächlich wieder geküßt hätte.

Als ich mir das Konzept dieses Kapitels überlegte, dachte ich mir, daß Alkohol offensichtlich für viele kreativ Schaffende eine Anregung darstellen kann. Zweifellos hat es aber für jedes gelungene Kunstwerk, das unter dem Einfluß von Alkohol entstanden ist, Hunderte oder auch Tausende von Fehlschlägen gegeben, bei denen Alkohol die künstlerische Klarheit verhindert hat, statt sie zu fördern. Dennoch kann nicht bestritten werden, daß kreative Menschen, die mit Alkohol richtig umgehen können, von dessen beflügelnden Eigenschaften profitieren.

Befassen wir uns nun mit Ihrer Beziehung zu der kreativen Dimension des Trinkens. Trinken Sie manchmal in der Hoffnung, daß der Alkohol Ihr Bewußtsein in kreative Bahnen lenken wird? Glauben Sie, daß Alkohol zumindest gelegentlich Ihre kreativen Fähigkeiten verbessert? Wenn Sie auf Ihre kreativen Leistungen zurückblicken, inwieweit messen Sie dem Alkohol einen positiven Einfluß bei? Legen Sie für einen Augenblick das Buch beiseite, und denken Sie gründlich über diese Frage nach, und achten Sie auf die Erinnerungen, Bilder und Gefühle, die dabei auftauchen.

Durch Alkohol können wir uns vorübergehend als Helden und Sieger fühlen. Es stimmt, daß unter seinem Einfluß viele Menschen zu spüren glauben, wie ein spezieller Geist in ihren Körper eintritt. Er übernimmt die Führung und läßt sie mehr sein, als sie sonst gelten. Einer der begabtesten und populärsten spirituellen Lehrer in Amerika, dessen Name ungenannt bleiben soll, konnte sich vor Hunderte und Tausende von begeisterten jungen Zuhörern hinstellen und aus dem Stegreif (jedoch nach einigen raschen Drinks) zwei bis drei Stunden lang inspiriert, brillant und mitreißend reden. Es brauchte einige Zeit, bis mir klar wurde, daß er Alkoholiker war. Ich hatte ihn für wirklich inspiriert gehalten, doch nicht vom Alkohol. Erst als er sich wegen akuter Leberprobleme in Behandlung begeben mußte, weihte mich seine Frau in das Geheimnis ein, damit ich helfen konnte.

In späteren Privatgesprächen erklärte er mir ohne irgendein Schuldgefühl, daß der Alkohol seine spezielle Muse sei, die ihn lebendig werden ließ. Sie trug ihn über alltägliches Denken hinaus und versetzte ihn in Kontakt mit höheren Ebenen des spirituellen Bewußtseins. Er bemaß seine »vernünftige« Menge Alkohol danach, um mit jenen spirituellen Ebenen in Berührung zu kommen, ohne — wie er hoffte — vorzeitig fortgerafft zu werden. Er starb im Alter von ungefähr sechzig an den Folgen seines Alkoholkonsums. Doch er war der Überzeugung, daß er ein erfülltes, vollkommenes Leben geführt habe. Obwohl der Alkohol ihn, an der durchschnittlichen Lebenserwartung gemessen, vorzeitig umbrachte, hatte er ihm seiner Auffassung nach die Erkenntnisse und Freude von 1000 Jahren beschert.

Was meinen Sie? Sind spirituelle Erkenntnisse, die unter Alkohol erlangt werden, von irgendeinem Wert, oder sollten sie völlig unberührt von sämtlichen Psychomitteln sein, um wirkliche Bedeutung zu haben?

Hier berühren wir eine grundsätzliche Frage im Zusammenhang mit Alkohol. Wenn man sich unter seinem Einfluß befindet, besitzt man dann einen Bewußtseinszustand, der respektiert werden sollte?

Ich bin der Meinung, daß jedes bewußtseinsverändernde Mittel ein zweischneidiges Schwert ist. Es gibt eine große Anzahl an chemischen Stoffen, deren Einnahme weitreichende spirituelle Erkenntnisse herbeiführt. Doch gleichzeitig muß man sich bewußt bleiben, daß einem derartige Erkenntnisse durch künstliche Anregung zuteil werden. Das wirft immer die Frage auf, ob solche Erkenntnisse von Bedeutung sind.

Christus schlug vor, Situationen dieser Art an den Früchten zu bemessen, die sie hervorbringen, und ich finde diesen Rat ausgezeichnet. Wenn Ihr Leben allmählich von Ihren Trinkgewohnheiten zerstört wird, sind die Früchte an menschlichem Leiden und zwischenmenschlicher Abspaltung langfristig kaum wünschenswert. Da macht es auch keinen Unterschied, welche kreativen Leistungen oder spirituellen Erkenntnisse Sie unter Alkohol hervorbrachten. Es sei denn, Sie bewerten künstlerisches Schaffen höher als Gesundheit und ein befriedigendes Leben.

Auch hier wollen wir uns mit Ihrem persönlichen Umgang mit Alkohol befassen, diesmal in bezug auf Ihre künstlerischen Leistungen. Überlegen Sie zuerst, welchen Wert Ihre künstlerische

Arbeit für Sie besitzt, verglichen mit Ihren zwischenmenschlichen Beziehungen, Ihrer Gesundheit und Ihrem alltäglichen Broterwerb. Was ist Ihnen am wichtigsten?
Reflektieren Sie nun einige Augenblicke über Ihre jüngsten kreativen Bemühungen, auf welchem Gebiet auch immer. Ob Sie nun ein Hemd genäht, ein Bild gemalt, eine besondere Mahlzeit zubereitet oder sonst etwas getan haben — tranken Sie Alkohol, um Ihre Kreativität anzuregen? Wenn ja, hat der Alkohol diese beflügelt oder behindert?

Meine persönliche Erfahrung hat mir jenseits jeden Zweifels gezeigt, daß Alkohol zu Beginn eines kreativen Vorhabens hilfreich sein kann, wenn man sich Inspiration wünscht. Doch wenn ich dann den kreativen Ausdruck im Schweiße meines Angesichts zustande bringen muß, funktioniere ich am besten ohne jegliche Störung durch Ergänzungen meiner naturgegebenen Fähigkeiten. Obwohl ich es als junger Mann versucht habe, habe ich in meinem Leben noch keine aufsehenerregenden Kunstwerke vollbracht. Doch je weniger ich mich in meinem kreativen Ausdruck auf Alkohol stütze, desto mehr schaffe ich bei moderatem Konsum. Ein Bier oder gelegentlich ein Glas Wein neben der Schreibmaschine kann dem Wortfluß zugute kommen, wenn ich an einem Roman arbeite. Doch wenn ich, auf mich bezogen, von moderatem Konsum spreche, bedeutet das praktisch keinen Alkohol.
Der Punkt, den ich hervorheben will, ist der, daß Sie nicht einfach beschließen können, daß zwei Getränke pro Tag Ihr Maß sind, und sich dann an diese Regel halten. Wichtig ist, die verschiedenen Gelegenheiten zu untersuchen, bei denen Sie Alkohol in Ihr Leben einbeziehen, und für jede Situation zu entscheiden, welche Grenze für Sie am besten ist.
Der Alkohol in Ihnen erzeugt zwei gegensätzliche Wirkungen. Er bereitet Ihnen einen kreativen Höhenflug und das Gefühl,

mehr schaffen zu können als vor dem Trinken. Gleichzeitig betäubt er jedoch Ihren Verstand, stört Ihre Körperkoordination und läßt Sie weniger leisten als vor dem Trinken. In diesem Buch wollen wir das magische Gleichgewicht zwischen diesen beiden Auswirkungen des Alkohols untersuchen.

Blicken Sie also nochmal zurück in die jüngste Vergangenheit und achten Sie auf die Erinnerungen, die sich zu Ihrem Gebrauch von Alkohol als Unterstützung Ihrer Kreativität einstellen.

Wenn ich übrigens allgemein gehaltene Vorschläge mache, sich an Vergangenes zu erinnern, sollten Sie vielleicht die grundlegende Methode dafür anwenden, wie ich sie nun kurz beschreibe: Legen Sie das Buch beiseite, atmen Sie tief durch, entspannen Sie sich einfach und schließen Sie die Augen, wenn Sie möchten. Erinnern Sie sich, ohne sich anzustrengen, an den von mir gemachten Vorschlag, und während Sie weiterhin Ihre Atmung beachten, lassen Sie den Vorschlag völlig ungehindert Erinnerungen auslösen. Jedesmal, wenn Sie eine solche Reflexionsreise vornehmen, tauchen neue Erinnerungen in Ihnen auf, auch wenn es um das gleiche Thema geht. In Ihnen ist ein grenzenloses Universum an Erinnerungen. Diese in Beziehung zu einem speziellen Thema anzuzapfen, ist einer der kraftvollsten Wege hin zu raschem Persönlichkeitswachstum und Einsicht.

Also wiederhole ich meinen Vorschlag. Unterbrechen Sie die Lektüre, blicken Sie ohne Anstrengung in Ihre jüngste Vergangenheit, und achten Sie darauf, welche Erinnerungen im Zusammenhang mit Alkoholtrinken zur Anregung Ihrer Kreativität auftauchen.

Vielleicht sollten wir bereits in diesem frühen Stadium der Diskussion pragmatische Wege überlegen, auf denen Sie Ihre Trinkgewohnheiten ändern könnten. Die richtige Alkoholdosierung könnte beispielsweise Ihre Kreativität steigern. Das Trinken selbst sollte ein kreativer Vorgang sein, bei dem Sie mit diversen Techniken experimentieren, bis Sie die gefunden haben, die für Sie am besten ist.

Vorweg wollen wir uns fragen, welche Art von Alkohol am besten zu kreativer Arbeit paßt. Viele Schriftsteller finden Rotwein ihrer Arbeit am besten angepaßt. Manche Musiker mögen Bier beim Spielen, einige Sänger und Sängerinnen ziehen diverse Arten von Whisky vor. Doch sind dies Verallgemeinerungen, die ich anführe, um Ihre Phantasie und Ihr Gedächtnis zu aktivieren, damit Sie darüber nachdenken, welche Art von Getränk Sie am anregendsten für kreative Gedanken und Vorgänge halten.

Welche alkoholische Getränke mögen Sie, wenn Sie etwas Kreatives vorhaben oder einen Schuß Erkenntnis bei der Lösung eines Problems brauchen könnten?

Die nächste Überlegung gilt dem Zeitpunkt des Trinkens bei kreativen Vorgängen. Sie können vor der tatsächlichen Arbeit Alkohol zu sich nehmen und die Wirkung verfliegen lassen, bis Sie zur Verwirklichung Ihrer Vorstellungen kommen. Oder Sie warten, bis die Arbeit fortgeschritten ist, um etwas zu trinken. Viele Leute heben sich den Alkohol bis kurz vor Schluß auf, als Belohnung für gut gemachte Arbeit. Was haben Sie am liebsten?

Wie bereits erwähnt, ist die Geschwindigkeit, mit der Sie Alkohol trinken, von ausschlaggebender Wichtigkeit. Manche Menschen trinken rasch größere Mengen, um eine Inspiration zu aktivieren. Andere ziehen bei kreativer oder problemlösender Arbeit das langsame Genießen vor, so daß man nur die unterschwelligen Wirkungen des Alkohols spürt. Die beste Trinkgeschwindigkeit für Sie werden wir schrittweise im Laufe des Buches erforschen, doch schlage ich vor, daß Sie vorher bereits über diese Frage reflektieren. Erinnern Sie sich an Ihre Erfahrungen, um sich eine Meinung zu bilden, und beginnen Sie dann zu sondieren, was die beste Methode für die Zukunft sein könnte.

Das Wichtigste dabei ist, sich der tatsächlichen Wirkungen bewußt zu werden, die unterschiedliche Alkoholmengen auf Ihr Bewußtsein haben, damit Sie die Wirkung wählen können, die Ihnen am besten gefällt. Mit diesen Gedanken können wir das nächste Thema vornehmen und betrachten, was für eine Rolle die Wirkungen von Alkohol bei religiösen sowie weltlichen Riten gespielt haben und wie die Art von Alkohol und die Trinkgeschwindigkeit die Erfahrung des Rituals bestimmen.

3

Gewohnheiten und Zeremonien

Solange es sie gibt und überall auf der Welt liebt der Mensch Rituale und Sakramente. In allen Kulturen gibt es religiöse sowie weltliche Rituale, die den alltäglichen Dingen und Aktivitäten besondere Bedeutung verleihen. Der Alkohol hat sich ebenfalls in fast allen Kulturen einen bedeutenden Platz bei vielen dieser Zeremonien erobert.

Der Begriff »Sakrament« bezieht sich nicht nur auf das Brot und den Wein der christlichen Rituale des Letzten Abendmahls und der Kommunion. Ein Sakrament bedeutet umfassender alles, was mit einem geheiligten Charakter behaftet ist oder mysteriöse Bedeutung hat. Daher könnte alles in unserem Umfeld eine sakramentartige Rolle in unserem Leben annehmen, wenn wir ihm die spezielle, rituelle Bedeutung geben.

Die Japaner praktizieren zum Beispiel die uralte Teezeremonie als einen sakramentalen Ritus, bei dem alle Bewegungen bei der Zubereitung, auch das Wasser und die Teeblätter, das Eingießen und Trinken des Tees, für die Teilnehmer große Bedeutung haben.

Während ich mir Gedanken über das Thema dieses Kapitels machte, spürte ich zum erstenmal seit Wochen wieder den Wunsch, eine Zeremonie unserer Kultur durchzuführen, die der japanischen Teezeremonie etwas ähneln könnte. In der Küche füllte ich Wasser in einen Kessel, holte dann Kaffeebohnen hervor und mahlte sie, gab eine Portion in meinen Lieblingsbecher und goß das kochende Wasser darauf. Dazu gab ich ein wenig Zucker und einen kleinen Schuß Kahlua-Likör.

Beim Trinken meines »sakramentalen« Kaffees entspannte ich mich, wurde mir meiner Atmung bewußt, meines Körpers und des Zimmers, das mich umgab. Der Ritus hatte für mich Bedeutung, weil ich ihn bereits so oft durchgeführt habe. Jedesmal, wenn ich es tue, erfüllen mich neue, lohnende Gefühle und Gedanken. Neben dem Gefühl des Neuen, das mir das Ritual bringt, bin ich auch mit dem wiederkehrenden Körpergefühl von Frieden, Ausgewogenheit und Seligkeit erfüllt. Der Ritus funktioniert also, er besitzt eine mysteriöse Dimension. Ich wiederhole ihn gerne, weil ich die Erfahrung wertvoll und genüßlich empfinde.
Der Alkohol und das Koffein in meinem Getränk sind gerade eben zu schmecken, und so mag ich solche Sakramente. Der Geist beider Stoffe zieht in meinen Körper, doch nicht in einem Ausmaß, daß mich der eine oder andere überwältigt. Indem ich mich von ihnen in einen gesteigerten Bewußtseinszustand versetzen lasse, zeige ich nach meiner Auffassung Achtung vor ihrer Kraft.
Es gab Zeiten in meinem Leben, zu denen ich Kaffee im Übermaß genossen hatte, um mich über meine natürlichen Grenzen hinaus aufzuputschen. Ich mußte aber letztlich meine gesundheitlichen Grenzen kennenlernen. Das bedeutet aber nicht, daß ich den eben beschriebenen Ritus aufgeben muß. Eher hat er jetzt eine spezielle Bedeutung, da ich meine Grenzen heute kenne und es genieße, sie einzuhalten.
In deutlich zeremonieller Form, wie ich meinen Kaffee trinke, kann man auch ein Glas Wein genießen. Sich dies bewußt vorzunehmen ist ein schönes, lohnendes Erlebnis. Es jedoch unbewußt zu tun, endet fast immer in der eigenen Erniedrigung.
Reflektieren Sie einen Augenblick darüber, als Sie zuletzt ein Glas Wein getrunken haben. Erinnern Sie sich daran, wie Sie es ansahen, daran rochen und schmeckten, wie Sie es zu sich nahmen. Denken Sie an Ihre Bewegungen von Arm und Hand beim

Eingießen und Trinken. Wie bewußt war Ihnen die Tragweite dieser Handlung?

Ich bin kein Anhänger von symbolischen Handlungen. Vielmehr kann ich das Ritual des Weintrinkens durchführen, ohne groß über Bedeutung und Assoziationen nachzudenken. Stattdessen konzentriere ich mich vollkommen auf mein Erfahren des gegenwärtigen Augenblicks. Auf meine Atmung, mein Körpergefühl, meine Emotionen und das, was meine Sinne gerade aufnehmen. Ohne jegliche religiöse Programmierung habe ich die unmittelbare Erfahrung des Weinrituals. Ich spüre, wie sich mein Bewußtsein erweitert, wenn der Alkohol darauf einwirkt. Mitten in dieser anscheinend simplen Erfahrung erlebe ich dann auf einmal meine persönlichsten Begegnungen mit jener spirituellen Realität, die sich jenseits von Worten, Vorstellungen und Assoziationen befindet. Wenn Sie sich bewußt werden, welche Kraft Sie mit nur einem Schluck Alkohol in sich aufnehmen, wenn Sie die Verantwortung für das übernehmen, was Sie hervorrufen, und erkennen, daß etwas Alkohol bei Meditation und Ehrfurcht alles an Bewußtseinsveränderung bewirkt, was Sie zum Zufriedensein benötigen — dann wird vernünftige Mäßigung zur mühelosen, natürlichen Freude für Sie werden

Ich möchte Ihnen daher einen Rahmen geben, der Ihre Beziehung zum Wein (oder zu anderen alkoholischen Getränken) neu fassen könnte.

Nehmen Sie sich bis zu einer halben Stunde Zeit, um nichts anderes zu tun, als das Weinritual durchzuführen. Holen Sie sich Ihren Lieblingswein und Ihr bevorzugtes Glas hervor. Machen Sie es sich in Ihren Räumen oder draußen bequem, wo Sie nicht gestört werden. Sie können sich ruhige Musik dazu aussuchen. Bevor Sie den Wein eingießen, entspannen Sie sich, atmen Sie einige Male tief durch, achten Sie auf Ihre Atmung, ohne sie verändern zu wollen, damit Sie Ihren Gefühlszustand erkennen, und lassen Sie Ruhe in sich einziehen.

Beachten Sie Ihr Umfeld, während Sie atmen, schauen Sie sich alles an, ohne darüber nachzudenken. Wenn Sie sich Ihrer Atmung bewußt bleiben, geschieht das mühelos und ist in sich eine Verschiebung der Wahrnehmung.
Seien Sie sich auch der Luft bewußt, in der Sie atmen, und lassen Sie Ihr Bewußtsein gleichzeitig Ihren gesamten Körper umfassen. Diese fundamentale Meditation bringt Sie vollständig in Einklang mit dem gegenwärtigen Augenblick, weg von allen hektischen Gedanken an Vergangenheit und Zukunft. Derartige Vorbereitungen zeigen Achtung vor der Kraft des Alkohols und sorgen dafür, daß Sie nicht aus dem Gleichgewicht geraten.
Betrachten Sie nun Ihr leeres Weinglas und atmen Sie hinein in Ihre unmittelbare Wahrnehmung dieser Leere.
Sehen Sie sich die Weinflasche an und erleben Sie ihren Inhalt optisch, mit dem Bewußtsein der Kraft, die darin steckt. Sie müssen nur wenige genaue Bewegungen durchführen, um den Wein von der Flasche ins Glas und von dort in Ihren Körper zu bekommen. Stellen Sie sich vor, wie Sie die Hand nach der Flasche ausstrecken und sich den Wein eingießen.
Führen Sie nun das Ritual durch, das Sie sich eben vorgestellt haben. Achten Sie darauf, ob Sie sich langsam und bewußt bewegen können und dabei auf Ihre Atmung achten.
Entspannen Sie sich nun einen Augenblick. Bestätigen Sie sich das, was Sie gerade getan haben. Atmen Sie in alle Gefühle hinein, die aufkommen mögen. Seien Sie dabei nicht überrascht, wenn unerwartete, tiefsitzende Gefühle und Erkenntnisse aufsteigen, noch bevor Sie den Wein zu sich nehmen. Derartige Rituale dienen dem Zweck, Sie in tieferen Kontakt mit Ihrem intuitiven Ich zu bringen, Sie von alten Denkgewohnheiten zu befreien, damit Sie sich selbst auf neuen Ebenen begegnen können.
Wenn Sie sich im Gleichgewicht fühlen, in sich zentriert, gestat-

ten Sie es Ihrem Körper, mit einer schönen, spontanen Bewegung das Glas zu nehmen. Riechen Sie den Wein, betrachten Sie ihn im Glas, während Sie Ihre Atmung erfahren. Der Clou besteht darin, sich der äußeren wie der inneren Welt gleichzeitig bewußt zu bleiben. Das ist eine der kraftvollsten Meditationen, die es überhaupt gibt.

Wenn Sie soweit sind, nehmen Sie einen Schluck zu sich. Aber blähen Sie sich jetzt nicht mit gekünstelten Emotionen auf, seien Sie nicht krampfhaft bemüht, das Erlebnis besonders bedeutend oder kraftvoll zu machen. Die japanische Teezeremonie zeigt uns auf schöne Weise, wie wichtig es ist, ruhig, demütig und frei von Erwartungen zu bleiben. Trinken Sie einfach.

Stellen Sie das Glas wieder ab. Schließen Sie die Augen, wenn Sie es wünschen, und achten Sie darauf, ob Sie den Wein in Ihrem Körper spüren können, während Sie acht Atemzüge machen (die Anzahl kann variieren).

Öffnen Sie nach acht Atemzügen die Augen, sehen Sie sich um, betrachten Sie den Wein im Glas. Atmen Sie etwa viermal durch, und wenn Sie dann den Wunsch verspüren, nehmen Sie erneut das Glas bewußt in die Hand und trinken Sie einen weiteren Schluck.

Ab hier steht es Ihnen frei, so zu trinken, wie Sie möchten. Bleiben Sie sich jedoch Ihrer Impulse, Gewohnheiten, Zwänge und Verlangen bezüglich des Tempos bewußt, in dem Sie den Wein trinken wollen.

Der Schlüssel dieser Meditation des Weintrinkens ist, daß Sie sich der Handlung bewußt werden und die Wirkung des Weins deutlich und mit Achtung wahrnehmen. Auf diese Weise werden Sie feststellen, daß Ihr Kontakt zum Alkohol zunehmend stärker wird, während Sie immer weniger davon zu sich nehmen, statt immer mehr.

Seien Sie jedoch nicht überrascht, wenn starke Emotionen in Ihnen aufkommen. Ich bringe Ihnen einen Vorgang bei, der Zeit benötigt, um ihn ganz zu beherrschen. Zu Beginn erleben die meisten Menschen eine große Bandbreite an Gedanken und störenden Emotionen, die für sie die Einfachheit des Weinrituals verdirbt.

Die Gedanken und Emotionen, die bei dieser Zeremonie in Ihnen aufkommen, sind äußerst wertvoll! Glauben Sie bitte nicht, daß Sie zu einem kleinen Zen-Meister werden sollen, der seine gewöhnlichen Gefühle und Gedanken vollkommen hinter sich läßt. Im Gegenteil, wenn Sie auftauchen, können Sie Ihre alten Programmierungen am Werk sehen! Durch das Betrachten Ihrer alten Einstellungen und Zwänge in Verbindung mit dem Trinken eines Glases Wein erhalten Sie enorme Erkenntnisse über Ihre Beziehung zum Alkohol. Eine derartige Verdeutlichung Ihrer Gewohnheiten kann hundert Besuche beim Therapeuten ersparen, wenn Sie dieses weltliche Ritual regelmäßig durchführen und immer tiefer in das eintauchen, was Sie entdecken.

Nun widmen wir unsere Aufmerksamkeit einem anderen Bereich Ihrer Beziehung zum Alkohol. Wir betrachten Emotionen, die durch Trinken beeinflußt werden. Dabei wenden wir das gleiche Schema wie vorher in diesem Kapitel an und erweitern es, damit Sie die emotionellen Gründe für Trinkgewohnheiten vollkommen erforschen können. Auch werden Sie erkennen, wie Sie althergebrachte emotionelle Gewohnheiten loslassen können, um eine befriedigendere Beziehung mit den Gefühlen zu erreichen, die beim Trinken aufkommen.

Ich möchte nochmal unmißverständlich klarmachen, wie ich das beschriebene Weinritual (oder auch Bier-, Whisky- oder ein anderes Getränk-Ritual) zur Mäßigung Ihrer Trinkgewohnheiten empfehle. Sorgen Sie dafür, daß Sie sich zweimal pro Woche ungefähr eine halbe Stunde für das Ritual nehmen. Zur Anregung des für vernünftige Trinkgewohnheiten erforderlichen inneren Wachstums kenne ich keine wirkungsvollere Selbsthilfe-Methode. Später bringe ich Ihnen Ergänzungen bei, mit denen

Sie das Ritual auch in Gesellschaft anderer durchführen können, aber den grundsätzlichen Ablauf lernen Sie am besten alleine.

Nachdem Sie die Zeremonie mit einem Glas Ihres liebsten Getränks innerhalb einer Ihnen angenehmen Zeitspanne ausgeführt haben, können Sie die Flasche wieder wegstellen oder sich selbst beim Weitertrinken beobachten. Ich spreche dazu keine Wertung aus.

4

Die Freiheit, sich gut zu fühlen

Eine weit verbreitete Annahme unter Genießern von Alkohol lautet, daß sie sich beim Trinken besser fühlen als vorher. Trinken ist unbedingt stimmungsverändernd. Emotionen werden manchmal gesteigert, werden dabei oftmals erst wahrgenommen und zeitweilig bis zum Verschwinden gedämpft. Leider führt das Trinken nicht immer erweiterte, positive Emotionen herbei. Es ist wichtig, eingehender zu betrachten, wie das Trinken Ihre Gefühle beeinflußt, und auch, wie Sie Ihre Erfahrungen beim Trinken in positive emotionelle Richtungen lenken können.

Mensch sein heißt, aus vielen emotionellen Richtungen gestoßen, gestreichelt, verteufelt und besänftigt zu werden. Alle Menschen kommen mit einer Vielfalt von emotionellen Reaktionen auf verschiedene Dinge auf die Welt. Bedenken Sie die emotionellen Fähigkeiten eines zweijährigen Kindes. Es kann vor Wut schreien, im Zorn laut werden und um sich schlagen, entzückt vor Freude lachen, verzweifelt weinen, selig einschlafen und vieles mehr.

All diese Emotionen sind ständig in uns vorhanden. Doch leider mußten die meisten Menschen beim Heranwachsen zwangsläufig lernen, viele ihrer spontanen Emotionen zu unterdrücken. Hemmungen spielen oft eine bedeutende Rolle bei Menschen, die regelmäßig zum Alkohol greifen. Er dient in hohem Maße dem Zweck, die Hemmungen aufzuheben, den Trinker zumindest für eine kurze Zeit frei werden zu lassen.

Beim Lesen der möglichen Begründungen für Ihre Trink-

gewohnheiten haben Sie wahrscheinlich festgestellt, daß Sie vor allem etwas tun wollen, um sich besser zu fühlen, etwas, das Sie Ihre Gefühle spontaner und freier erleben läßt. Trifft das zu?
Von Natur aus suchen Menschen Freude und meiden Schmerzen möglichst. Oftmals führen länger anhaltende emotionelle Verkrampfungen auch zu körperlichen Schmerzen. Dann entsteht der Wunsch nach Alkohol als Mittel zur Linderung dieses Schmerzzustandes. Ob wir an einem gebrochenen Herzen leiden, an arbeitsbedingten Depressionen oder Langeweile in unserem Alltag, der Alkohol kann unsere Stimmung in Richtungen bewegen, von denen wir uns mehr Freude versprechen.
Deshalb gibt es zum Beispiel das Ritual der »blauen Stunde« am Ende des Arbeitstages. Das Mischen und Trinken des Cocktails ist ein Entspannungssignal für Geist und Körper. Es bedeutet das Ablegen von Sorgen und Streß, ein Umschalten auf einen erfreulichen Rest des Tages. Solche Rituale werden tagtäglich von Millionen von arbeitenden Männern und Frauen auf der ganzen Welt durchgeführt. Daher sollte dieses Ritual als genauso wichtig wie jedes andere Ritual der modernen Gesellschaft eingestuft werden.
Neulich abend aßen wir gemeinsam mit einem Tischler und seiner Familie, und das Thema Rituale war im Gespräch. Dieser Mann brachte seine tiefgreifende Beziehung zu seinem Bierritual zum Einläuten des Feierabends zum Ausdruck. Dabei erzählte er von seinem Kampf in früheren Jahren, seinen Konsum auf ein oder zwei Biere zu beschränken, statt sich drei oder vier zu genehmigen. Er erzählte, daß das erste Bier ein Genuß und ein echter Segen sei, der seinem Bedürfnis nach rascher Entspannung und dem Loslassen der Anspannungen des Tages entsprach. Das zweite Bier habe er oft noch mit Genuß getrunken, doch sei es genauso oft ein zusätzlicher Schub über den Tagesstreß hinweg gewesen. Doch das dritte Bier sei bereits Ausdruck seiner Unzufriedenheit mit dem gegenwärtigen Leben insge-

samt gewesen. Das vierte habe dann offensichtlich einen Versuch bedeutet, sich zu betäuben und den Härten des Lebens zu entkommen.

Wenn wir überlegen, wie wir Alkohol einsetzen, um uns besser zu fühlen, spontane Emotionen zuzulassen, gibt es zwei Hauptpunkte, die näher untersucht werden sollten. Die erste Frage ist, ob wir trinken, um uns auf erfüllenden Umgang mit uns selbst und unserer Umwelt vorzubereiten, oder ob wir uns betäuben wollen, um somit vor emotionellen Wechselwirkungen zu fliehen.

Die Mengen, die man trinkt, sind bei dieser Frage ein klarer Hinweis, denn unterschiedliche Mengen Alkohol beeinflussen unsere Emotionen und unser soziales Verhalten natürlich auf unterschiedliche Weise.

Oftmals hilft uns ein Getränk, emotionelle Hemmungen zu überwinden, so daß wir engere Verbindungen knüpfen können. Doch werden zwei Getränke innerhalb einer Stunde bereits unsere emotionellen Reaktionen verzerren, und herzliche Kontakte lassen nach. Wir beginnen, Klischees auf die Menschen um uns herum zu projizieren. Zudem reagieren wir weniger sensibel auf die Gefühle anderer.

Bei drei Getränken innerhalb einer oder auch zwei Stunden reagieren die meisten Menschen bereits in ernstem Maße unklar auf ihr Umfeld. Sie können emotionell leicht reizbar werden, rasch in Zorn ausbrechen oder die Tränen fließen lassen. Erheblich gemindert ist vor allem die Qualität ihres emotionellen Ausdrucks und ihrer Ehrlichkeit.

Eine der schlimmsten Trugschlüsse, die Alkohol auf emotioneller Ebene aufkommen läßt, ist die Überzeugung, daß man nun sehr offen und ehrlich in seinen Gefühlen sei. Dies geschieht an dem Punkt, wo man tatsächlich den restlichen wirklichen Herzenskontakt zu den Menschen um sich verliert. Nichts ist widerlicher als ein Betrunkener bei einer Party, der sich an jeder

Schulter ausheult, aber in Wirklichkeit gar keinen Kontakt herstellt. Ein solcher Mensch ist nicht nur furchtbar langweilig, sondern gibt auch eine tragische, isolierte und pathetische Figur ab.

Wenn Sie darüber nachdenken, wie das Trinken Ihre Emotionen beeinflußt, ist die zweite wichtige Frage die, ob Sie durch den Alkohol engeren Kontakt zu Ihren Emotionen finden wollen oder ihnen dadurch zu entkommen hoffen.

Bei meiner therapeutischen Arbeit habe ich es gelegentlich mit Patienten zu tun, die meinen, ihre Emotionen könnten sie erst nach einigen Getränken richtig zum Ausdruck bringen. Manche fordere ich dann auf, das nächstemal ihr Lieblingsgetränk mitzubringen. Bei einer solchen Sitzung nehme ich das tatsächliche Verhalten und den Ausdruck der Emotionen im angetrunkenen Zustand mit einer Videokamera auf. Es ist höchst ernüchternd, sich selbst dabei zuzusehen, wie man betrunken emotionell einherplappert.

Obwohl es zutrifft, daß ehrlicher emotioneller Ausdruck mit jedem Getränk weniger wird, hat das Dampfablassen im betrunkenen Zustand auch seine positive Seite. Für viele Menschen ist das anscheinend die einzige Möglichkeit, die Fassung zu verlieren und aufgestaute, schmerzende Emotionen freizusetzen, die ansonsten wie Gift in ihnen lagern.

Für viele Menschen ist Trinken auch der Wegbereiter, um den Fluß guter Emotionen zu spüren, die sonst vollkommen blockiert sind.

Für hochgradig gehemmte Menschen (und das sind aus der Sicht des Therapeuten fast alle) empfiehlt es sich, entweder einen Freund zu finden, der einen regelmäßig zu emotionellem Ausdruck ermutigt, oder einen Therapeuten aufzusuchen, der einem zu Ausdrucksmöglichkeiten verhilft.

Da jedoch viele Menschen diese Möglichkeiten nicht haben, möchte ich als Therapeut deutlich sagen, daß das gelegentliche alkoholisierte Freisetzen von aufgestauten Emotionen für das emotionelle Befinden auch von Wert sein kann. Es ist aber nicht der beste Weg, um sich von schmerzhaftem emotionellen Druck zu befreien.

Ein großes Problem liegt darin, daß man beim alkoholisierten Loswerden von Emotionen die Menschen um sich herum oftmals peinlich berührt oder befremdet. Durch unpassendes Verhalten mindert man auch häufig das eigene Selbstwertgefühl. Alkohol beeinflußt leider den geistigen sowie den nervlichen Zustand negativ. Das heißt, unser Verständigungsmodus unter Alkohol ist primitiver. Da zusätzlich der Kontakt von Herz zu Herz zwischen einem Betrunkenen und seinen Mitmenschen schwindet, verbindet sich der emotionelle Ausdruck mit einem Gefühl der Isolation. Daher führt die Verwendung von Alkohol zum Ablassen von emotionellem Dampf fast immer zu zweischneidigen Ergebnissen.

Die große Herausforderung an Sie ist in diesem Zusammenhang, festzustellen, ob Sie von solchen angetrunkenen Emotionsschüben lernen können, und zwar sogar dann, wenn Sie sich mitten in einem befinden. Nach einer Nacht ausgelassener alkoholisierter Zügellosigkeit hegen die meisten Menschen am Morgen danach Schuldgefühle und möchten das Geschehene aus dem Gedächtnis tilgen. Doch statt über sich selbst den Stab zu brechen, sollten Sie sich an möglichst viel des Vorgangs erinnern und sich eine Liste der am stärksten aufgetretenen Emotionen machen. Erstellen Sie auch eine Liste der Erinnerungen, die bei Ihrem alkoholisierten Ausbruch an die Oberfläche sprudelten.

Fangen Sie an, ein Journal derartiger Alkoholerlebnisse zu führen. Sie sollten zum Beispiel jedesmal, wenn Sie mehr als zwei Getränke zu sich nehmen, während Sie noch unter Alkoholeinfluß stehen, oder am nächsten Tage alles, woran Sie sich erinnern können, möglichst detailliert notieren. Sprechen Sie auch mit anderen, die dabei waren, und lassen Sie sich Ihre emotio-

nellen Stimmungen und Ausdrucksformen schildern. Wenn Sie Ihre Freunde wissen lassen, daß Sie an Ihren unpassenden Ausbrüchen arbeiten, wird ihnen das bessere Gefühle dazu ermöglichen und sie hilfsbereiter stimmen.
Der Schlüssel ist der: Statt zu verurteilen und zu vergessen, akzeptieren und lernen Sie!
Wenn Ihnen danach ist, betrachten Sie jetzt einige Augenblicke das letzte Mal, als Sie zuviel tranken und emotionell tobten. Erinnern Sie sich an die vorherrschenden Emotionen dabei, damit Sie sich in Ihrem alkoholfreien Alltag besser auf diese meistens abgeblockten Emotionen konzentrieren können.
Aus psychologischer Sicht ist es als privates Gedankenspiel interessant, zu untersuchen, was Sie eigentlich tun, wenn Sie sich mehrere Getränke genehmigen, um lockerer zu werden und sich zu amüsieren. Genau genommen erteilen Sie sich Erlaubnis, sich gut zu fühlen.
Die meisten Alkoholiker, denen ich in meiner Praxis begegnet bin, waren Leute, die in ihrer Kindheit dafür bestraft wurden, daß sie sich Freude gegönnt hatten. Oder sie entwickelten auf subtileren Ebenen die Einstellung, daß einfache Freuden im Zusammenhang mit Schuld und Sünde stünden. Ein extremes Beispiel dafür ist ein Patient, der ein streng religiöser Mann war und sich übermäßig mit Reinheit, Sünde und Schuld beschäftigte. Alle paar Wochen gab er sich vollkommen dem Alkohol hin, prügelte seine Frau und verstieß rückhaltlos gegen seine eigene religiöse Überzeugung. Als Heranwachsender hatte er entdeckt, daß Alkohol ihn vorübergehend von seiner tief eingefleischten Ablehnung aller freudvollen Gefühle befreite. Er war ab da unfähig, der Versuchung zu widerstehen, Alkohol zum Ausbrechen aus seinen moralischen Verklemmungen zu benutzen.
Menschen wie er und Millionen weniger intensiv belastete machen den Alkohol zum Alibi, zu einer äußerlichen Kraft, die

ihre guten Absichten überwältigt. Sie reden sich ein, für nichts verantwortlich zu sein, wenn sie unter dem Einfluß von Alkohol stehen. Somit setzen sie Alkohol als das einzige ihnen bekannte Mittel ein, das ihnen gestattet, sich gut zu fühlen. Wenn nicht das, so läßt er sie zumindest die wahren Emotionen empfinden, die sie ansonsten in sich begraben halten.
Der erste Schritt hin zu einer positiveren Beziehung mit einer derartigen Situation liegt im Eingestehen, daß Sie bestimmte Gefühle, die nach Ausdruck verlangen, tatsächlich unterdrücken. Wenn Sie diesen völlig natürlichen Drang nicht wahrhaben wollen, ist es sehr wahrscheinlich, daß Ihre Gefühle auf destruktive Weise zum Vorschein kommen werden, wenn Sie trinken und sich gehenlassen.
Beginnen Sie also mit einer Liste der Emotionen, die Sie im nüchternen Zustand unterdrücken. Viele Menschen unterdrücken Wut und Aggressivität. Andere finden es unmöglich, Liebe und ihr Bedürfnis nach Intimität auszudrücken. Wieder andere können Gram und Verzweiflung nicht ausdrücken. Bei welchen Emotionen fällt es Ihnen schwer, sie auszudrücken? Welche brechen aus Ihnen heraus, wenn Sie betrunken sind? Unterbrechen Sie bitte die Lektüre, und versuchen Sie, eine solche Liste aufzustellen.

Die Fähigkeit, Hemmungen zu überwinden, ist ein weitreichendes Thema, und ich gebe nicht vor, es hier in aller Gründlichkeit zu behandeln. Doch ich schlage Ihnen eine weitere bewährte Methode vor, wenn Sie beginnen wollen zu lernen, wie Sie vergrabene Gefühle auf passendere Weise ausdrücken können.
Kehren wir zu dem Trinkritual zurück, das wir im vorherigen Kapitel kennengelernt haben. Doch statt eine halbe Stunde damit zu verbringen, ein Glas Ihres alkoholischen Lieblingsgetränks zu trinken, stellen Sie sich vor, daß Sie das Glas in dieser Zeit *nicht* leeren.

Stellen Sie sich vielmehr vor, Sie würden sich ein- bis zweimal pro Woche oder öfter die Zeit nehmen, um auftauchende Emotionen zu beobachten, während Sie das Getränk, das Sie haben möchten, *nicht* trinken. Diese Situation wird sehr rasch dazu führen, daß Sie sich unruhig, wütend, angespannt und vielleicht sogar schwindelig fühlen. Es gibt Gefühle dicht unter der Oberfläche Ihres Bewußtseins, die Sie entweder durch Trinken unterdrücken oder durch Trinken freilassen möchten, die Sie aber niemals empfinden wollen, wenn Sie stocknüchtern sind.

Zu Anfang können Sie sich die Option gewähren, ein Getränk zu nehmen, falls die Frustration zuviel wird. Doch lassen Sie sich durchaus frontal mit genau jenen Gefühlen kollidieren, die Sie zum Trinken bewegen. Atmen Sie in alle Gefühle hinein, die sich in Ihnen bemerkbar machen. Haben Sie genug Abstand zu sich selbst, um darüber lachen zu können, wie sich das zwanghafte Verlangen nach etwas zu trinken in Ihnen regt.

Haben Sie dabei Ihr Notizheft, das Trinkjournal, zur Hand, damit Sie alle Gedanken, Gefühle und körperlichen Empfindungen aufschreiben können, die sich bei dem halbstündigen Nichttrinken-Ritual einstellen.

Wenn Sie die gesamte halbe Stunde überstehen, ohne etwas zu trinken, betrachten Sie sich als Sieger! Auch werden Sie feststellen, daß Sie in Ihrer Selbsteinschätzung und Ihrem Gefühl, Mäßigung meistern zu können, ein gutes Stück gewachsen sind.

Doch wenn Sie es bei den ersten Versuchen keine zwei Minuten aushalten, ohne sich ein Getränk zu nehmen oder das Experiment abzubrechen, beurteilen Sie sich nicht negativ oder gar als Versager. Sie beginnen eine langfristige Erforschung Ihrer selbst, Ihrer Lernfähigkeit über sich selbst. Sie wollen genügend Erkenntnisse sammeln und emotionell wachsen, um den gemäßigten Genuß möglich zu machen.

Falls Sie nachgeben und sich ein Getränk nehmen, machen Sie dennoch weiter Notizen und atmen Sie weiterhin in alle aufkommenden Emotionen hinein. Diese zweite Phase läßt Sie genau betrachten, welche Emotionen in Ihnen hoch und heraus wollen, und wie Sie ihnen Ausdruck geben können.

Ich würde Ihnen empfehlen, solche Sitzungen fernab von jedem und allem durchzuführen, wo Sie alle Geräusche und Bewegungen zulassen können, die zu Ihrer emotionellen Entladung gehören. Alle Menschen müssen manchmal wegen alter schmerzhafter Herzensangelegenheiten laut weinen, müssen manchmal vor Wut über Dinge, die ihre Integrität verletzt haben, schreien und sogar brüllen. Wir müssen das Schmelzen unserer verhärteten Herzen spüren, während wir uns unserem Bedürfnis nach Liebe und Intimität wieder öffnen.

Tatsächlich gibt es also drei verschiedene Trinkrituale, die Sie durchführen können, und jedes davon bietet Ihnen äußerst wertvolle innere Wachstumsgelegenheiten, ohne Ihr soziales oder berufliches Leben im geringsten zu stören.

Das Trinkritual: Dabei verbringen Sie ungefähr eine halbe Stunde mit der Durchführung eines ruhigen, bewußten Rituals, dem Trinken eines Getränks. Damit kehren Sie das zwanghafte Gewohnheitstrinken um in ein klares, bedeutungsvolles Erlebnis von Alkohol in Wechselwirkung mit Ihrem tieferliegenden Bewußtsein.

Das Nichttrinken-Ritual: Dabei verbringen Sie eine bestimmte Zeit, in der Sie normalerweise trinken würden, damit, nicht zu trinken. Sie erfahren all die Gedanken und Emotionen, die an die Oberfläche steigen, während Sie Ihre Zwänge und Gefühle beobachten.

Das Doppelritual: Dabei sitzen Sie zu Beginn ohne zu trinken da, wie beim Nichttrinken-Ritual. Dann geben Sie Ihrem Verlangen nach einem Getränk nach und führen das Trinkritual durch.

Ich empfehle Ihnen sehr, alle drei Rituale kennenzulernen, und werde sie in späteren Kapiteln weiter erläutern.

Für den Augenblick betrachten Sie diese zusätzliche Meditation, die von unschätzbarem Wert sein könnte: Beginnen Sie, es sich zur Gewohnheit zu machen, einmal pro Stunde Pause zu machen, um sich gut zu fühlen, ohne Alkohol als Alibi dafür zu benötigen. Menschen greifen fast immer dann nach etwas zu trinken, wenn sie eine unangenehme Spannung im Brustkorb spüren, die sie loswerden möchten. Diese chronische Spannung wird hauptsächlich durch muskuläre Hemmung des Atemvorgangs hervorgerufen. Man kann diese Muskeln wie folgt bewußt entspannen, ohne zum Alkohol zu greifen:

1. Achten Sie zuerst darauf, wie Sie atmen, und ob Ihr Brustkorb angespannt ist.

2. Atmen Sie dann durch den Mund, damit sich Unterkiefer und Zunge entspannen. Stoßen Sie einen Seufzer aus, strecken Sie sich und gähnen, wenn Ihnen danach ist, um sich von den gewohnheitsgemäß angestauten Spannungen zu befreien.

3. Lassen Sie Ihren Geist weiter entspannen, indem Sie Ihre Aufmerksamkeit dem Raum widmen, in dem Sie sich befinden, der Luft, die Sie umgibt, und Ihrem Körpergefühl. Machen Sie jede Bewegung, die Ihnen guttut.

4. Sagen Sie letztlich einige Male: »Ich kann mich entspannen, wenn ich es will.«

5. Sagen Sie auch mehrmals: »Ich gestatte es mir, mich genau jetzt gut zu fühlen.«

6. Schließen Sie die Augen, wenn Sie wollen, bleiben Sie sich Ihrer Atmung bewußt und versuchen Sie, einen Bereich

Ihres Körpers zu finden, der sich gut fühlt. Konzentrieren Sie sich auf das gute Gefühl und lassen Sie es wachsen.

7. Wenn Sie bereit sind, können Sie mit Ihrer Tagesroutine weitermachen, da Sie sich die Zeit genommen haben, Ihre Atmung zu erweitern, sich gut zu fühlen und die Spannungen in Ihrem Körper loszulassen.

Jedesmal, wenn Sie eine solche Meditation machen, wird es ein neues Erlebnis für Sie sein. Sie werden neue Bewußtseinsbereiche entdecken, die nur darauf warten, daß Sie sich ihnen öffnen.

Probieren Sie diese Meditation doch einfach jetzt aus, gestatten Sie es sich in diesem Augenblick, sich gut zu fühlen.

5

Kommunikation unter Freunden

Vor einigen Jahren gab es ein Fernsehinterview mit Paul McCartney, bei dem er erzählte, daß er nach seinen wilden psychedelischen Abenteuern, dem Umgang mit der gehobenen Gesellschaft und sogar gelegentlichem Kontakt mit dem Königshaus bei weitem lieber das einfache Vergnügen vorzog, in seinem alten Pub mit Freunden einen Krug Bier zu trinken.

Er erzählte ferner, daß er keine chemischen Mittel mehr nahm, weil ihm die Wirkung von Alkohol am besten gefiel. Er genoß besonders den sozialen Aspekt des Biertrinkens, weil er ihm half, rasch den richtigen emotionellen Zustand zu finden, um sich mit seinen Freunden zu verständigen.

Bislang haben wir uns damit befaßt, wie Alkohol positiv bei kreativen Vorgängen, der spirituellen Meditation und emotioneller Erforschung angewendet werden kann. Letztendlich trinken die meisten Menschen jedoch wegen der sozialen Komponente, der damit verbundenen besonderen Qualität zwischenmenschlicher Kommunikation, die wir genießen.

Welche Bewußtseinsveränderungen finden beim Trinken statt, die uns den gesellschaftlichen Umgang soviel angenehmer machen? Einen Teil der Antwort darauf ergibt die Überlegung, wie man sich fühlt, wenn man sich vollkommen nüchtern bei einer gesellschaftlichen Zusammenkunft einfindet.

Viele Menschen sind etwas angespannt, wenn sie in eine Versammlung eintreten. Fast jeder ist ein wenig befangen, und Alkohol hilft, diese Unsicherheit zu überwinden. Solange wir es uns nicht angewöhnen, persönliche Unsicherheit in gesellschaftlichen Situationen nur mit Hilfe von Alkohol auszugleichen, schadet es normalerweise nicht, unsere Bereitschaft zum spontanen zwischenmenschlichen Umgang mit ein oder zwei Getränken zu begünstigen.

Auch hilft uns der Alkohol, aus einer nach innen gerichteten, auf sich selbst eingestellten Geisteshaltung in die extrovertiertere Stimmung umzuschalten, die bei einer Zusammenkunft geschätzt wird. Die meisten Menschen möchten als kommunikationsfähig angesehen werden, und Alkohol lockert Geist und Zunge.

Wenn man sich mit Freunden trifft, ist also ein wesentlicher Grund, sich ein Getränk zu nehmen, der, daß man schnell und mühelos in die gesellige Stimmung kommt, die ohne jeglichen Alkohol etwas gehemmt bliebe. Trifft das bei Ihnen zu?

Wir wollen anhand Ihrer eigenen Erfahrungen untersuchen, welche Bewußtseinsqualitäten sich verändern, wenn Sie mit Freunden trinken. Ändert sich zum Beispiel Ihre optische Wahrnehmung nach einigen Getränken? Betrachten Sie die Welt in einem anderen Licht? Indem ich diese Frage stelle, will ich Sie ermutigen, in die jüngste Vergangenheit zu blicken und sich zu erinnern. Ich fordere Sie auf, auch in den nächsten Wochen bewußt die Veränderungen zu beobachten, die einige wenige Getränke in Ihrer Wahrnehmung bewirken. Woran erinnern Sie sich in diesem Augenblick?

Was geschieht mit Ihrem Körpergefühl, mit der Anspannung oder Entspannung Ihrer Muskeln? Wir reagiert Ihre Atmung, wenn der Alkohol in Ihrem Körper zu wirken beginnt?

Ihr erstes Getränk wird in aller Wahrscheinlichkeit Ihren emotionellen Zustand wie auch Ihr Körpergefühl verändern, da beide eng miteinander verknüpft sind. Probieren Sie, ob Sie sich daran erinnern können, wie Sie mit Freunden zusammensaßen und etwas Alkoholisches Ihrer Wahl tranken. Durchleben Sie nochmal die Veränderungen auf emotioneller Ebene, die dabei eingetreten sind, wenn Sie nun das Buch beiseite legen und — ohne sich anzustrengen — die Erinnerung aufkommen lassen.

Nun kommen wir zu der tatsächlichen Teilnahme am gesellschaftlichen Geschehen, während Sie gemeinsam trinken. Die gesellige Verständigung ist eine völlig andere Bewußtseinsebene als der geistige Aufenthalt in den eigenen inneren Gedanken und Gefühlsbereichen. Gesellschaftlicher Austausch ist ein Sport, bei dem man sich gegenseitig verbale Anregungen zuwirft, während man mit einem Thema nach dem anderen spielt.
Manchmal ist der Austausch ein intellektuelles Spiel, bei dem es Ihnen um bestimmte Informationen geht und auch darum, Ihr Wissen mit anderen zu teilen, und unter den Gesprächsteilnehmern entsteht etwas Neues und Einzigartiges. Da Alkohol das assoziative Denken begünstigt, wirkt er in solchen Situationen anregend.
Versuchen Sie sich an derartige Gespräche zu erinnern, bei denen der Alkohol teil am Ablauf hatte.
Doch meistens findet gesellschaftlicher Austausch aus Spaß statt, und nicht, um etwas auf intellektueller Ebene zu erreichen. Sich unterhalten macht Freude, und sie wird zweifelsohne vom Alkohol gefördert. Das Empfinden des eigenen isolierten Egos weicht einem erweiterten Gefühl, Schranken und Grenzen öffnen sich durch den Alkohol, und die schöne Erfahrung der gemeinsamen Teilnahme an einem geselligen Kreis entsteht. Vielleicht werden Sie mit der steigenden Anzahl der Getränke etwas zu laut, und es kann sein, daß das, was Sie sagen, zu später Stunde nicht mehr ganz deutlich ist. Vielleicht nutzt Ihr Ego auch die Gelegenheit, um sich aufzuplustern, ins Rampenlicht zu stellen und sich wichtig zu machen. All das ist nebensächlich, wenn Sie voll und ganz in das Geschehen eingetaucht sind und Ihren Freunden die Möglichkeit einräumen, ihr Ego auf gleiche Weise zum Ausdruck zu bringen.

Als meine Frau vor nicht allzu langer Zeit schwanger war, nahm sie die gesamten neun Monate über keinen Schluck Alkohol zu sich. Ich nutzte die Situation, um selbst vollkommen darauf zu verzichten, denn es war bereits eine Weile her, daß ich Monate lang gar keinen Alkohol getrunken hatte. Uns fiel jedoch auf, daß wir uns bei gesellschaftlichen Anlässen, wo praktisch jeder einige alkoholische Getränke zu sich nahm, irgendwie abgesondert vorkamen. Ohne die Bewußtseinsveränderung hin zur alkoholisch-geselligen Stimmung merkten wir, daß wir uns eher von dem Lärmpegel der Gespräche zurückzogen und schmunzelnd zusahen, wie unsere Freunde zunehmend vom Alkohol beherrscht wurden. Es gab Momente, da störten und langweilten uns die gleichen Situationen, in denen wir gemeinsam mit unseren Freunden erst wenige Monate zuvor riesigen Spaß gehabt hatten, als wir noch mit ihnen zusammen getrunken hatten.

Es gibt unbedingt eine spezielle Sphäre, in die man eintritt, wenn man trinkt. Es ist eine Sphäre, die trinkende Kumpel miteinander teilen können, während sie gleichzeitig immer betrunkener werden und somit mit ihrem Bewußtsein ungefähr auf der gleichen Ebene bleiben. Aus »außenstehender« Sicht betrachtet kann der Austausch zwischen zwei Trinkkumpanen oder einer Gruppe von gemeinsam trinkenden Freunden oberflächlich und unproduktiv wirken, da es den Anschein hat, daß unter den Freunden kaum jemand zuhört. Doch innerhalb der Gruppe herrscht jenes ausschlaggebende Gefühl des Zusammenseins, der vorübergehenden Flucht vor dem Einzeldasein. Dieses Gefühl der Verbrüderung ist vielleicht der Hauptgrund, warum Alkohol ein wichtiger Bestandteil der menschlichen Kultur geblieben ist, obwohl er so viele schlimme Nebenwirkungen hat.

Gehen Sie in der Erinnerung wieder zurück zu einer solchen geselligen Runde, in deren Verlauf der Alkohol Sie alle in einen Zustand miteinander geteilter Gefühle brachte. Welche Empfindungen stellen sich bei Ihnen dabei ein?

Die Frage, die sich bei derartigen Erinnerungen stellt, ist natürlich die, wie man sich den Zugang zu dem magischen Kreis trinkender Freunde bewahren kann, ohne die Gefahren der negativen Auswirkungen des übermäßigen Trinkens einzugehen. Ich vermute, daß die meisten von uns bereits kostbare Zeit vergeudet haben, indem sie sich bei geselligen Zusammenkünften so sehr betranken, daß die Qualität des Austauschs absackte. Somit war das Ganze ein Reinfall, statt einer wahrgenommenen Gelegenheit, wieder mit Freunden Kontakt zu haben. Auch ist es enttäuschend, mit jemandem zusammen zu sein, der dann dermaßen trinkt, daß jeder tiefergehende Kontakt unmöglich wird. Wir alle wissen, daß Freundschaften durch solche Alkoholerfahrungen nicht fester werden, sondern Schaden nehmen.

Ein erster Schritt hin zur Mäßigung des gesellschaftlichen Trinkens besteht darin, Ihre gegenwärtigen Trinkgewohnheiten unter Freunden genau zu beobachten, ohne sich selbst zu verdammen, wenn Sie abrutschen. Ich möchte Ihnen eine wichtige Methode für derartige Beobachtungen vorstellen, die auch in späteren Kapiteln von Bedeutung sein wird.

Der Schlüssel hierbei ist eine »Zählkarte«, so genannt, weil es darum geht, eine Art Strichliste aller Getränke zu machen, die Sie an einem Tag zu sich nehmen. Anfangs sind Leute meistens etwas eingeschüchtert von der Vorstellung, einen Zettel oder eine Karte bei sich zu haben, auf der sie ihre Getränke notieren sollen. Doch es wird bald zu einer fast automatischen Gewohnheit und auch zu einer äußerst positiven Belohnung, wenn sich eine Mäßigung Ihres Alkoholkonsums erkennen läßt.

Dabei geht es um eine einfache Disziplin, verbunden mit dem Wunsch nach positiver Veränderung Ihrer Trinkgewohnheiten. Sie müssen sich nur versprechen, Ihre Zählkarte und einen Stift den ganzen Tag über bei sich zu haben. Jedesmal, wenn Sie ein

Getränk bestellen oder sich selbst nehmen, verlangt Ihr Versprechen, daß Sie es auf Ihrer Karte eintragen, bevor Sie den ersten Schluck nehmen.

Wenn Sie alleine sind, wird es Ihnen leichtfallen, denn Sie tragen Ihr Getränk nicht vor jemandem ein, der sich vielleicht fragt, was Sie da tun. Doch wenn Sie unter Freunden sind, empfehle ich Ihnen nachdrücklich, ihnen ehrlich zu sagen, worum es geht, falls sie fragen sollten. Sie können mit einem gewissen Stolz erklären, daß Sie sich selbst beibringen, die Anzahl Ihrer Getränke zu verringern. Auch, daß Ihre Zählkarte eine Ermahnung ist, langsamer zu trinken, sowie eine Erinnerung daran, wie viele Getränke Sie täglich, wöchentlich und monatlich getrunken haben, während Sie dabei sind, Ihren Konsum einzuschränken.

An dem Punkt werden Sie feststellen, daß manche Ihrer Freunde Ihre Absicht unterstützen, während andere Sie überzeugen wollen, mit den Eintragungen aufzuhören. Letztere werden wahrscheinlich diejenigen sein, die weitaus mehr Alkoholmißbrauch betreiben als Sie, und nicht daran erinnert werden wollen. Achten Sie genau auf die Reaktionen Ihrer Freunde und Bekannten und halten Sie sich zukünftig mehr an diejenigen, die Ihr positives Bestreben unterstützen. Wer Ihnen diese einfache Disziplin der Zählkarte ausreden will, hat auch nichts dagegen, wenn Sie in ernsthafte Alkoholprobleme geraten.

Für die kommenden Wochen wird es am besten sein, wenn Sie einfach genau festhalten, was Sie an alkoholischen Getränken bei Ihren üblichen Tagesabläufen zu sich nehmen.

Schreiben Sie sich zum Wochenbeginn die Daten und Wochentage auf die Karte und tragen Sie einen Strich für jedes Getränk ein, wobei eine bestimmte Norm ein Getränk ausmacht. Um Ihren Konsum präziser überblicken zu können, werden Sie im Laufe der Zeit notieren wollen, wie viele Getränke Sie in einem bestimmten Zeitraum hatten. Auch lohnt es sich festzuhalten, ob Sie alleine oder mit Freunden und wo Sie tranken. So bekommen Sie ein vollständiges Bild Ihrer Trinkgewohnheiten aus Zeiten, Örtlichkeiten, gesellschaftlichem Umfeld und Mengen. In einem späteren Kapitel untersuchen wir weitere Einzelheiten dazu.

An dieser Stelle fordere ich Sie lediglich auf, es sich zur Gewohnheit zu machen, jedesmal nur mit einem Strich auf einem Zettel festzuhalten, daß Sie ein alkoholisches Getränk zu sich nehmen werden. Daß Ihre Notizen im Laufe der Zeit vollständiger werden, ergibt sich von selbst. Bleiben Sie sich bitte auch bewußt, daß es genügend Zeit gibt, um die Methoden zu erlernen, mit denen Sie sich von Ihren alten Trinkgewohnheiten befreien können. Wichtig ist, jeden Schritt erfolgreich zu machen, statt sich mit Methoden zu überladen.

Um es nochmal zu verdeutlichen: Das Ziel ist, zu lernen, alleine oder mit Freunden auf eine Weise zu trinken, die Sie das erhabene Gefühl des Alkohols in Ihrem System genießen läßt, während Sie klar und nüchtern genug bleiben, um echten Herzenskontakt herzustellen.

Ich schlage auch vor, daß Sie jedesmal, wenn es Ihnen gelingt, zwanzig bis dreißig Minuten lang dem Verlangen nach einem Getränk zu widerstehen, einen Kreis auf Ihrer Zählkarte eintragen. Es ist ein sehr gutes Gefühl, die innere Kraft aufzubringen, einem zwanghaften Verlangen nicht nachzugeben, und derartige Erfolge sollten Sie festhalten!

Das Programm dieses Buches ist keineswegs autoritär. Ich schlage vielmehr Dinge vor, die sich in Studien über Eigenkorrektur von Alkoholkonsum als erfolgversprechend bewährt haben. Ob Sie sie anwenden, bleibt vollkommen Ihnen überlassen.

Weiter im Buch werde ich sämtliche Vorschläge, die wir untersucht haben, nochmals anführen, denn ich weiß, daß es schwierig ist, sie alle im Kopf zu behalten. Für den Moment möchte

ich Ihnen einfach die grundsätzlichen Reflexionen und Methoden auf sanfte, angenehme Weise erläutern. Später befassen wir uns dann mit der erforderlichen Disziplin und weiteren Routinen, die es den meisten Menschen ermöglichen, sich von alten Gewohnheiten zu befreien.
Nun schlage ich vor, daß Sie sich einige kleine Karteikarten oder ein Notizbuch ausschließlich dafür besorgen, über Ihre alkoholischen Getränke Buch zu führen. Sie sollten Ihre Zählkarten bald vorliegen haben, damit Sie dann gleich anfangen können, sich Ihrer Trinkgewohnheiten bewußter zu werden.

6

Der Balanceakt auf dem Hochseil

Der wirksamste und konsequenteste Weg zur Mäßigung ist natürlich der, Alkohol überhaupt nicht mehr anzurühren. Für Menschen, die früher Alkoholiker waren oder nicht mehr aufhören können, wenn sie einmal zu trinken begonnen haben, ist vollständiges Entsagen die vernünftigste Antwort. Was Gesundheit betrifft, ist man zu der Erkenntnis gelangt, daß bei vielen Menschen bereits ein Getränk pro Tag gesundheitliche Schäden und Verkürzung der Lebenserwartung bewirken kann.

Doch für diejenigen unter uns, die das Risiko nicht scheuen und moderaten Alkoholkonsum als Teil ihres Lebens betrachten, muß die Frage, was zuviel ist, genau untersucht werden.

Vorweg sollten wir den gesundheitlichen Aspekt des Trinkens betrachten. Es gibt heute aufschlußreiche Forschungsergebnisse zum Thema Alkohol und Gesundheit. Wenn Sie beabsichtigen, vernünftig zu trinken, sollten Sie darüber informiert sein.

Wenn Sie sich unverändert reichhaltig ernähren, während Sie auch regelmäßig Alkohol zu sich nehmen, steigern Sie Ihre Kalorienaufnahme beträchtlich. Das heißt, daß Sie bei gleichzeitig üppigen Eß- und Trinkgewohnheiten nicht umhin kommen, zuzunehmen.

Zu Ihrer Orientierung hier einige Zahlen: 350 ml Bier enthalten ca. 160 Kalorien, ein Glas trockener Weißwein (120 ml) 90 Kalorien. Süßer Tafelwein kann 150 Kalorien und mehr enthalten. Schwere Weine wie Port oder Sherry enthalten ungefähr das Doppelte an Kalorien, und 30 ml Schnaps haben ca. 100 Kalo-

rien. Süße Mixgetränke enthalten zusätzlich noch wesentlich mehr Kalorien.
Bei unvermindertem Essen und Trinken wird Übergewicht also nicht ausbleiben. Bier- und Weintrinker müssen sich der gesundheitlichen Gefahren solcher Gewichtszunahme besonders bewußt sein.
Auch beeinträchtigt Alkohol im Magen die Aufnahme vieler Minerale und Vitamine in Ihr System. Somit wirkt sich das Trinken unmittelbar auf Ihre Gesundheit aus, und je mehr Sie regelmäßig trinken, desto mehr leidet Ihre Ernährung daran.
Wenn Menschen mehr trinken, essen sie weniger (obwohl geringe Mengen Wein oder Bier auch appetitanregend wirken können). Alkohol wirkt unmittelbar irritierend auf das empfindliche Gewebe von Mund, Speiseröhre, Magen und Darm. Auch regt er die erhöhte Produktion von Magensäure an. Das wiederum begünstigt Magenschleimhautentzündungen und die Bildung von Magengeschwüren.
Es gibt jedoch noch schlechtere Nachrichten über Alkohol, die Sie zur Kenntnis nehmen sollten, wenn Sie Gesundheitsschäden durch Trinken vermeiden wollen. Schätzungsweise 70 Prozent aller Vorkommen von Magen- und Darmkrebs stehen in Verbindung mit langfristigem Alkoholmißbrauch. Forschungsergebnisse weisen auch darauf hin, daß die Verbindung von Alkohol und Zigaretten das Krebsrisiko von Zunge, Mund, Kehlkopf, Rachen, Magen, Leber und Lunge erheblich erhöht. Anscheinend macht Alkohol die Gewebe empfänglicher für die krebserzeugenden Stoffe im Rauch.
Allseits bekannt ist, daß Alkohol zu Leberschäden führen kann. Es regt die Bildung von Fett innerhalb des Gewebes der Leber an (ein umkehrbarer Prozeß, wenn man das Trinken einstellt oder verringert) und führt zur Bildung von Narbengewebe in der Leber, was nicht rückgängig zu machen ist.
Alkohol führt ferner dazu, daß das Hirn schrumpft und die

Funktionen des Denkens und des Gedächtnisses nachlassen. Das geschieht nicht nur vorübergehend, wenn jemand betrunken ist, sondern bei fortgeschrittenem, chronischem Alkoholismus wird es zum Dauerzustand. Das Hirn ist das erste Organ des Körpers, das unwiderruflich vom Alkohol geschädigt wird. Teilweise Erholung ist anscheinend möglich, wenn der Alkoholkonsum unter Kontrolle gebracht wird, bevor ernsthafte Schäden eingetreten sind. Ab einem bestimmten Punkt ist jedoch keine Umkehr des Schadens mehr zu bewirken.

In den Vereinigten Staaten werden dem Alkohol jährlich mehr als 200 000 Todesfälle zugeschrieben. Damit ist er die dritthäufigste Todesursache nach Krebs und Herzerkrankung. Die Lebenserwartung eines Trunksüchtigen beträgt im Durchschnitt zwölf Jahre weniger als die eines Menschen, der kaum Alkohol trinkt.

Die medizinischen Befunde lassen daher nur einen Schluß zu. Wer unvernünftig trinkt, verschlechtert seinen geistigen und körperlichen Zustand in hohem Maße. Das heißt letztendlich, er schmälert seine Fähigkeit, ein erfülltes Leben auf unserem schönen Planeten zu genießen.

Als einzig vernünftige Verhaltensregel muß gelten: Trinken Sie das absolute Minimum an Alkohol, das Sie benötigen, um den Bewußtseinszustand zu erreichen, den Sie sich wünschen. Lernen Sie ferner, die Wirkung von geringen Mengen an Alkohol durch andere Methoden der Bewußtseinsveränderung stärker zu empfinden. So können Sie zusätzlich die Mengen verringern, die Sie brauchen, um die Wirkung zu spüren.

Mit all dem vor Augen wird Ihnen nun klar sein, warum ich Ihnen bereits das Trinkritual, das Nichttrinken-Ritual und das Doppelritual vorgestellt habe. Diese drei Meditationen oder Methoden zeigen Ihnen mögliche Wege zu einer neuen Beziehung zum Alkohol. Wenn es stimmt, daß die gesunde Grenze für Sie dem absoluten Minimum an Alkohol gleichzusetzen ist, das Sie brauchen, um seine Wirkung zu genießen, dann ist es anhand medizinischer Tatsachen unmöglich, eine bestimmte Alkoholmenge oder Anzahl an Getränken für unbedenklich zu erklären. Die medizinischen Tatsachen besagen, daß auch ein einziges Getränk Ihnen schadet. Wenn Sie also jeden Schaden vermeiden wollen, trinken Sie auch das eine Getränk nicht.

Da Sie Alkohol genießen und das auch weiterhin tun wollen, bleibt Ihnen als einziger Weg, Ihren Konsum möglichst zu verringern, während Sie seine psychische Wirkung verstärken. Mit jedem Glas, das Sie trinken, balancieren Sie mit Ihrer Gesundheit auf dem Hochseil. In diesem Bewußtsein können Sie sich der lebenslangen Herausforderung stellen, zu lernen, wie Sie sich mit immer weniger Alkohol wohl fühlen können!

Sobald Sie mit Ihren Zählkarten Aufschluß darüber erhalten, wieviel Sie in bestimmten Zeitabschnitten trinken, werden Sie erkennen können, wo sich Ihr Konsum einschränken läßt, ohne Ihnen das Gefühl zu nehmen, das Leben zu genießen.

Blicken Sie nun zurück auf die vergangene Woche und zählen Sie die Getränke, an die Sie sich erinnern können.

Überdenken Sie nun, ob diese Mengen an Alkohol während einer Woche noch gesund sind, oder ob sie verringert werden sollten.

Ein weiterer Hochseilakt, über den nachgedacht werden sollte, ist Ihre Fähigkeit zur Selbstbeherrschung, wenn Sie trinken. Gesundheit ist nicht nur eine Sache des Körperzustandes, sondern im gleichen Maße unseres emotionellen und sozialen Befindens. Wenn unsere Trinkgewohnheiten die Beziehungen zu unseren Freunden und geschäftlichen Bekannten zerrütten, muß etwas dagegen unternommen werden.

Alkohol verringert die Selbstbeherrschung. Er dämpft unser normales Urteilsvermögen und unsere ethischen Wertvorstellungen, so daß niedere Seiten unserer Natur unser Handeln bestimmen. Viele Studien haben belegt, daß starker Alkoholgenuß gewalttätige Stimmungen im Menschen hervorruft. Wir besprachen das Positive am Freisetzen von Emotionen durch Alkohol, wenn das vernünftig geschieht. Doch all zu oft geht ein solches Freisetzen einher mit einem Verlust an ethischen Abwägungen, und alte emotionelle Verletzungen rufen aggressive, feindselige Handlungen hervor. Schätzungen besagen, daß rund 80 Prozent der Häftlinge in amerikanischen Strafanstalten alkoholisiert waren, als sie ihre Gewalttaten begingen. Als ich vor Jahren Therapeut in einer Vollzugsanstalt war, stellte ich fest, daß dazu viele Straftaten gehören, die der Täter nüchtern niemals begangen hätte. Es ist tragisch, wenn Menschen im Gefängnis landen oder einen schlimmen Unfall zu verantworten haben, der nur deshalb geschah, weil Alkohol im Spiel war.

Die meisten Menschen schätzen dennoch das erweiterte Gefühl der gelockerten Hemmungen, des Freiseins und Sich-heiter-Gehenlassens, auch wenn wir es bedauern, wenn jemand unter Alkohol die Selbstbeherrschung verliert.

Auch hier besteht der Hochseilakt darin, die Balance zu halten zwischen positiver Enthemmung und gefährlicher Entgleisung. Beherrschen Sie noch die Balance, wenn Sie trinken?

Viele Menschen begehen einen fatalen Fehler beim Trinken, obwohl sie vorher wissen, daß es einer ist: Sie trinken zu schnell. Statt die Wirkung des ersten Glases abzuwarten, schütten sie ein zweites nach. Das Ergebnis ist, daß sie plötzlich jenseits der gewünschten Grenzen betrunken sind.

Es ist unabdingbar für die Entwicklung vernünftiger Trinkgewohnheiten, diesen gefährlichen Ablauf vermeiden zu lernen. Zudem ist das nicht schwer. Das Trinkritual schult einen bereits in diese Richtung. Jedesmal, wenn Sie sich langsam und bewußt mit einem einzigen Getränk befassen, sind Sie dabei, neue Trinkgewohnheiten zu bilden, die sich auch in geselligen Situationen bemerkbar machen werden.

Wichtig ist, jeden Schluck bewußt zu genießen, statt das Glas zwanghaft hinunterzustürzen. Sie können langsam trinken, wenn Sie sich vollkommen in Einklang mit dem gegenwärtigen Augenblick bringen. Doch wenn Sie innerlich nicht zentriert sind, nicht ganz da, oder besonders den jetzigen Moment ablehnen und sich geistig bereits in den bevorstehenden Zustand der Trunkenheit stürzen, dann werden Sie natürlich zuviel und zu schnell trinken.

Die Eintragung auf der Zählkarte an sich vergrößert bereits Ihr gegenwärtiges Bewußtsein beim Trinken, denn es wirkt dagegen an, reflexartig das nächste Getränk zu nehmen. Zu üben, sich der Atmung und des Körpers bewußt zu bleiben wie auch das absichtliche Trinken jedes Schlucks (das Trinkritual) sind wirksames Verhaltenstraining zur Verlangsamung der Alkoholaufnahme. Auch wenn Sie die Meditation durchführen, mit der Sie es sich gestatten, sich gut zu fühlen, trainieren Sie in diese Richtung.

Diese Meditation begleitet eine erhöhte Wahrnehmung dessen, was mit jedem Schluck in ihrem Bewußtsein geschieht. Wenn Sie jedoch einfach vor sich selbst, vor Ihren Gefühlen und Ihrem Dasein im gegenwärtigen Augenblick fortlaufen, werden Sie natürlich kaum bemerken, was mit Ihrem Geist und Körper geschieht, wenn der Alkohol zu wirken beginnt. Daher der klare Hinweis, daß sich dieses gesamte Buch damit befaßt, Alkohol nicht zu benutzen, um vor der Gegenwart zu fliehen, sondern um sie zu genießen. Alkohol kann Sie in beide Richtungen führen, hin zum umfassenderen Genießen Ihrer selbst, oder zur zunehmenden Auslöschung Ihres Selbstbewußtseins.

Blicken Sie zurück auf Ihre Trinkerlebnisse der jüngeren Vergangenheit, auch wenn sie nicht exzessiv ausarteten. Überlegen Sie, ob Sie tranken, um sich vollkommener in den gegenwärtigen Augenblick zu bringen, oder tranken Sie eher, um Ihren Geist zu betäuben, Ihre Umwelt verschwinden zu lassen und Ihr Bewußtsein abzustellen? Seien Sie ehrlich, und in keiner Weise bewertend. Sehen Sie einfach hin und achten Sie darauf, was Sie über sich selbst lernen.

7

Fluchtwege in den Alkohol

Betrachten wir einmal ausführlicher die diversen Persönlichkeitsverschiebungen, die Alkohol auslösen kann. Oftmals hängen wir so sehr an dem Erleben dieser Verschiebungen, daß ernstzunehmende Alkoholprobleme drohen, wenn dem nicht entgegengewirkt wird.

Auf einer fundamentalen Ebene der Psyche leiten ein oder zwei Getränke nach einem arbeitsreichen Tag bei den meisten Menschen durchaus Entspannung von Körper und Geist ein. Alkohol wirkt direkt auf das Zentralnervensystem und dämpft die nervliche Aktivität in den Muskeln und Hirnsynapsen.

Sich gelegentlich des Alkohols zu bedienen, um Entspannung einzuleiten, ist an sich nicht gefährlich. Dagegen kann es jedoch höchst gefährlich sein, sich routinemäßig jeden Tag einige Getränke zu nehmen, um entspannen zu können. Dieses Ritual wird zur Gewohnheit, und es droht körperliche sowie psychische Abhängigkeit.

Die banalsten Gründe können bereits zum Alkoholismus führen, wie zum Beispiel das Bedürfnis, Spannungen im Beruf oder im Familienleben loszuwerden. Spannungen tun weh, und vor Schmerzen fliehen wir am liebsten.

Wenn Sie feststellen, daß Sie sich zu sehr auf Alkohol verlassen, um zu entspannen, so lautet Ihre Aufgabe, Alternativen zu finden, um Geist und Körper zur Ruhe zu bringen. Wenn Sie den Wunsch spüren, regelmäßig angestaute Spannungen loszulassen, bieten sich Ihnen Yogakurse sowie Sport- und Gymnastikgruppen an. Das Problem der Angespanntheit ist in unserer Streß-

gesellschaft universell verbreitet. Es liegt an uns selbst, positive Wege zu entwickeln, die uns Entspannung bringen.
Machen Sie einige Augenblicke Pause; vielleicht schließen Sie die Augen, und spüren Sie den momentanen Zustand Ihrer Muskeln, den Grad der Ruhe in Ihrem Geist. Sind Sie ein Mensch, der sich aktiv damit befassen sollte, Methoden zur Entspannung zu erlernen und neue Wege zum inneren Frieden zu finden?

Sehr viele Menschen greifen nach etwas Alkoholischem, wenn sie sich in Situationen befinden, in denen sie sich unzulänglich, unsicher und einfach ängstlich fühlen. Das kann sich zu einem überaus gefährlichen Syndrom entwickeln, weil man psychisch von der Wirkung des Alkohols abhängig wird, um derartige Angstgefühle zu überwinden.
Alkohol hilft uns zwar, uns in schwierigen Situationen fähiger und selbstsicherer zu fühlen, doch leider um den Preis des präzisen Denkens und ausgewogenen Verhaltens. Wenn jemand trinkt, um Angstgefühle abzubauen, mindert er tatsächlich sein Gesamtbewußtsein im gegenwärtigen Augenblick, um die eigenen Reaktionen auf ein angsterzeugendes Umfeld zu dämpfen. Dabei hat das Herauswachsen aus der persönlichen Angstreaktion keine Chance, sondern sie nimmt eher zu, während sie zu oft mit zuviel Alkohol überlagert wird.
Sich auf Alkohol zu verlassen, um Angstgefühle zu überwinden, ist somit alles andere als ein positiver Ansatz. Man muß sich mit der Angst und ihrem Auslöser direkt, nüchtern und häufig genug konfrontieren, um eine Lösung auf die eigene Reaktion zu finden, denn sonst ist zunehmende Abhängigkeit vom Alkohol so gut wie sicher. Ich habe in meiner Praxis noch nie mit einem Alkoholiker zu tun gehabt, der nicht voller ungelöster Angstgefühle war. Menschen, die sich nicht fürchten, der Welt völlig nüchtern zu begegnen, sind einfach keine potentiellen Alkoholiker. Andererseits sind diejenigen, die sich nicht

mit ihren alten Ängsten und Spannungen auseinandersetzen, wahrscheinliche Kandidaten für eine wie auch immer geartete Sucht.

Angst schmerzt genauso wie Spannung, und wir versuchen mit allen Mitteln, ihr zu entkommen. Wenn Sie wissen, daß Sie trinken, um Ihre Unsicherheit und Angst zu meistern, dann sollten Sie sich tauglichere Wege suchen, um mit solchen Gefühlszuständen klarzukommen. Ansonsten droht Ihnen ernsthafte Suchtgefährdung durch Alkohol oder andere Mittel.

Im Erwachsenwerden haben wir alle bestimmte Phobien und Unsicherheiten entwickelt. Ich habe noch nie einen Menschen kennengelernt, der völlig frei davon war, auch wenn er ein Dutzend Jahre Therapie hinter sich hatte. Angst ist ein normaler Bestandteil des menschlichen Bewußtseins, und es ist natürlich, Angst zu empfinden, wenn man Gefahr wahrnimmt.

Deshalb sollten Sie nicht denken, daß Ihnen etwas fehlt, wenn Sie sich besonders in gesellschaftlichen Situationen unsicher und befangen fühlen. Ein Getränk hier und da, um derartig unangenehme Gefühle zu verringern, ist an sich auch nichts Schlechtes. Doch seien Sie in den kommenden Wochen und Monaten sehr ehrlich mit sich selbst und achten Sie darauf, ob Sie Alkohol verfehlt einsetzen, um Ihre Unsicherheiten zu überwinden. Falls es so ist, suchen Sie therapeutische Hilfe auf.

Genauer gesagt, halten Sie vor jedem Getränk, das Sie in den nächsten Wochen zu sich nehmen, inne, und beachten Sie Ihre Atmung. Stellen Sie fest, ob sie angespannt ist und ob Sie sich nervliche Entspannung und das Verschwinden Ihrer Angstgefühle von dem Getränk erhoffen. Wenn Sie den Alkohol benutzen wollen, um der Angst Herr zu werden, fordere ich Sie auf, nur eine Minute zu warten, bevor Sie den ersten Schluck nehmen. Machen Sie diese Pause und stellen Sie sich dabei dem Gefühl, dem Sie entkommen wollen. Atmen Sie in

die aufsteigenden Emotionen hinein und stellen Sie fest, welche Gedanken Sie beherrschen und den Spannungszustand auslösen.
Eine solche Minute kann Ihre Angstgefühle ausräumen, wenn sie eine Zeitlang bei *jedem* Getränk eingelegt wird. Sich der eigenen Fluchtgewohnheiten bewußt zu sein, ist eines der wirksamsten Mittel zur Anregung von innerem Wachstum.
Auch dies ist ein einfacher, aber wirkungsvoller Weg, um Ihren Trinkgewohnheiten eine Wendung zum Besseren zu geben. Achten Sie darauf, ob Sie diese einminütige Begegnung mit der Angst jedesmal zulassen. Wenn Sie die Pause überspringen, betrachten Sie sich dabei, wie Sie es *nicht* tun, während Sie trinken. Nach einigen Erfahrungen ohne die Pause werden Sie wahrscheinlich feststellen, daß Sie mühelos damit beginnen. Darin liegt erhebliche Weisheit.
Machen Sie jetzt eine Minute Pause und erinnern Sie sich an Ihr letztes Getränk. Nahmen Sie es in der Hoffnung zu sich, damit Angstgefühlen entkommen zu können?

Depressionen sind einer der häufigsten Beweggründe für übermäßiges Trinken. Depression gehört zu den schmerzhaftesten andauernden Emotionen, in die sich der Mensch verrennen kann. Oftmals wird Alkohol benutzt, um dieses Gefühl zu betäuben. Doch meistens bleibt dieses Gefühl bestehen, auch wenn es, während das Bewußtsein unter Alkohol gedämpft ist, so scheint, als hätte man sich vorübergehend von der Depression befreit. Manchmal wirkt der Alkohol stimmungsaufhellend, so daß man echte Erleichterung spürt, aber auch sie ist nur kurzlebig.
Im therapeutischen Denken gilt Depression nicht als eine Emotion an sich. Vielmehr ist sie das Abblocken einer oder mehrerer Emotionen. Unterdrückte Wut gehört zweifelsfrei dazu. Kinder leiden selten an Depressionen, bis sie zu häufig für spon-

tane Wutausbrüche bestraft werden. Sobald ein Kind Angst hat, seine Wut auszudrücken, entwickelt es Depressionen.
Angst vor dem Ausdruck von Freude ist auch eine häufige Ursache von Depressionen. Wenn man als Kind übermäßig für den Ausdruck genüßlicher Gefühle bestraft wurde, besonders dann, wenn diese auch nur entfernt mit Sexualität zu tun hatten, kann das zu schwerwiegenden Depressionen führen.
Später im Leben stellt man fest, daß einem bestimmte Grundbefriedigungen vorenthalten blieben. Wenn man seine Frustration darüber nicht zum Ausdruck bringen kann, setzen Depressionen ein.
Die Überwindung von Depression liegt darin, sich Ausdruck zu verschaffen. Das läßt sich leicht sagen, ist aber oftmals sehr schwierig zu verwirklichen. Wenn Sie Probleme haben, Ihren Emotionen Ausdruck zu verschaffen, hoffe ich, daß Ihnen diese Diskussion brauchbare Hinweise gibt. Manchmal ist auch eine Therapie der richtige Weg aus depressiven Gewohnheiten heraus, denn um solche handelt es sich.
Ich möchte Ihnen noch eine überaus wichtige Übung beschreiben, die Sie bei jedem Getränk anwenden können, um gegen depressive Gewohnheiten anzukämpfen. Legen Sie vor dem ersten Schluck eine einminütige Pause ein. Achten Sie dabei darauf, ob Sie sich depressiv fühlen. Ist Ihre Atmung beklemmt und angespannt, Ihre Kiefermuskulatur auch? Ist das Leben zur Zeit nur noch belastend, kaum die Mühe wert?
Wenn ein solcher Zustand vorherrscht, sagen Sie sich: »Ich bin deprimiert, und es macht mich wütend!« Sagen Sie es möglichst laut und atmen Sie durch den Mund. Geben Sie alles an Geräuschen von sich, was Sie wollen. Beginnen Sie ganz sanft, etwas von dem Druck in sich abzulassen. Er baut sich dann bereits ab.
Nachdem Sie den Satz gesagt haben, sagen Sie einige Male: »Ich will mich gut fühlen, verdammt nochmal!« oder etwas Ähn-

liches. Nutzen Sie die Therapieminute, um Ihre depressiven Gefühle unmittelbar zu betrachten. Stellen Sie sich ihnen. Seien Sie eine Weile lang Herr der Lage, statt in Ihr nächstes Getränk zu flüchten. Vielleicht kommen mit den Gefühlen Erinnerungen auf, und Sie erhalten die Möglichkeit, den Ursprung Ihrer Depression zu betrachten.

Fangen Sie auch an, bewußt zu überlegen, welche Ihrer Bedürfnisse unbefriedigt geblieben sind. Depressionen sind ein schlimmes Leiden, und es ist zu hoffen, daß Ihnen diese Vorschläge helfen, sich davon zu befreien. Alkohol wird Ihnen dabei jedoch nicht helfen. In diesem Fall ist seine Wirkung sogar destruktiv, denn Sie geraten mit ihm tiefer in das, was es zu vermeiden gilt — zusätzliche Abhängigkeit und das Gefühl der Ohnmacht und Hilflosigkeit.

In Wirklichkeit behebt Alkohol Depressionen nämlich nicht. Er verstärkt sie. Überzeugen Sie sich davon nicht nur, indem Sie es theoretisch lesen, sondern indem Sie sich selbst jedesmal beobachten, wenn Ihr Trinken von dem Wunsch ausgelöst wird, depressiven Gefühlen zu entkommen. Fühlen Sie sich beim Trinken und danach besser oder schlechter? Sind Sie auf dem Weg zur Befreiung von der Depression vorangekommen?

Machen Sie nun eine Pause von einigen Augenblicken und überlegen Sie, ob Sie Grundbedürfnisse haben, die bislang unbefriedigt geblieben sind. Warum sind Sie so häufig deprimiert? Betrachten Sie den Ursprung, und schauen Sie dann, ob Sie bereit sind, etwas zu unternehmen, um zu Ihren Gefühlen vorzustoßen, aktiv zu werden, um sich Ihre mangelnde Befriedigung zu verschaffen.

8

Erkennen, wann man abrutscht

Jeder Mensch, der Alkohol trinkt, muß seinen Konsum regelmäßig neu bewerten, denn entscheidende Faktoren in unserem Leben ändern sich, und mit ihnen unsere Vernunftgrenze. In diesem Kapitel will ich Ihnen ein Vorgehen beschreiben, bei dem Sie weiterhin frei bleiben, Ihren Alkoholkonsum in unterschiedlichen Situationen selbst zu bestimmen. Der Sinn dieser Methode ist, Sie erkennen zu lassen, wann Sie in Gefahr sind, in den Alkohol abzurutschen, damit Ihre häusliche Situation, Arbeit, Gesundheit und auch Ihr Selbstwertgefühl keinen Schaden nehmen.

Ich rate Ihnen, auf Ihrer Zählkarte festzuhalten, wenn Sie sich wirklich betrinken. Notieren Sie alle Umstände und Einzelheiten, und versuchen Sie zu bestimmen, warum Sie sich betrunken haben. Halten Sie auch fest, was Sie getrunken haben, wieviel und in welchem Zeitraum.

Beginnen Sie mit der Zeit zu entscheiden, wie oft Sie sich einem solchen Vorgang hingeben können, ohne den diversen Aspekten eines guten Lebens zu schaden. Früher begann ich in gleicher Weise, wie ich es Ihnen vorschlage, aufzupassen, bei welchen Mengen das Trinken sich störend auf mein Leben auswirkte. Wenn mir danach war, trank ich damals zwei oder drei Bier pro Tag oder einige Gläser Wein. Die Menschen um mich hatten alle ähnliche Trinkgewohnheiten, also hielt ich es für normal und fühlte mich als Durchschnittsmensch.

Doch dann verliebte ich mich außerhalb meines gesellschaftlichen Kreises in eine Frau, die wesentlich weniger trank und den Alltag am liebsten ganz ohne Alkohol verbrachte. Da ich erkannte, daß sie mehr vom Leben hatte als ich, wurde mir auch klar, daß meine Trinkgewohnheiten tagein, tagaus mein Potential, zu leben, sabotierten.

Wir neigen dazu, uns an dem Verhalten der Menschen aus unserer Umgebung zu orientieren. Daher ist es wichtig, daß Sie sich bei Ihrem Freundes- und Bekanntenkreis klar darüber sind, ob er sich aus trinkfreudigen oder gemäßigten Trinkern zusammensetzt. Sie sollten feststellen, inwieweit Ihre Trinkgewohnheiten von denen der Menschen bestimmt werden, mit denen Sie Ihre Zeit verbringen.

Nehmen Sie sich jetzt einige Augenblicke Zeit, legen Sie das Buch beiseite und reflektieren Sie über diesen wichtigen Faktor. Sind die Menschen, mit denen Sie in Ihrer Freizeit zusammen sind, vernünftig in ihrem Umgang mit Alkohol, oder neigen sie eher zu Exzessen?

Neben dem gesellschaftlichen Einfluß auf Ihre Trinkgewohnheiten ist es auch wertvoll, Ihre intimen Beziehungen oder deren Fehlen zu überdenken. Meistens ist es so, daß wir weniger trinken, wenn wir uns in unserer Hauptbeziehung sicher und glücklich fühlen. Dementsprechend scheinen Menschen in ihren Trinkgewohnheiten abzurutschen, wenn ihre wichtigste Beziehung von einem emotionellen Trauma gekennzeichnet ist.

In einer Beziehungskrise seinen Kummer gelegentlich zu ertränken oder im Alkohol die Flucht vor Problemen zu suchen, sollte vielleicht nicht in Bausch und Bogen verurteilt werden. Wir sind alle nur Menschen und haben unsere Schwächen, und es ist nur natürlich, mal der Versuchung nachzugeben, mit einigen Getränken Abstand von Problemen zu bekommen.

Wann sind Sie jedoch in Gefahr, abzurutschen, wenn Sie in einer emotionellen Krise regelmäßig trinken?

Eines kann ich als Therapeut mit Gewißheit dazu sagen: Im betrunkenen Zustand löst niemand seine persönlichen Probleme. Sie weichen zwar anscheinend dem Einfluß des Alkohols, doch später oder am nächsten Morgen sind sie wieder da. Und oftmals hat man das Problem durch sein unkontrolliertes Verhalten nur noch schlimmer gemacht.

Die grundlegende Erkenntnis in solchen Fällen ist die, daß Sie Alkohol benutzten, um einem Problem auszuweichen, das Sie ausräumen müssen. Natürlich schmerzt es, ein Trauma wie das Ende einer Beziehung, den Arbeitsplatzverlust oder eigenes Versagen in einer wichtigen Sache erfahren zu müssen. Doch aus Ihren eigenen Erfahrungen mit Freunden und Bekannten, die sich dem Alkohol hingaben, um sich nicht mit Problemen auseinandersetzen zu müssen, wissen Sie, daß nichts dadurch besser wird, sondern man selbst immer mehr die Kontrolle über sein Leben verliert.

Auch hier kann die Zählkarte Ihre Rettung sein. Wenn Sie es in emotionell schwierigen Zeiten nur schaffen, Ihrem Vorsatz treu zu bleiben und jedes Getränk eintragen, das Sie zu sich nehmen, dann können Sie verfolgen, wie sich Ihre Trinkgewohnheiten verändern. Eventuell stellen Sie fest, daß Ihr Konsum übermäßig zugenommen hat, und können aktiv werden, um das zu korrigieren.

Es versteht sich von selbst, daß der Schlüssel zur Erkenntnis, daß Sie zuviel trinken, der Grad Ihres eigenen Bewußtseins ist. Sie müssen innehalten und sich fragen: »Beginnt mein Alkoholkonsum, meinen beruflichen Erfolg zu gefährden?« Oder: »Bedroht das Trinken wichtige Beziehungen zu meinen Freunden und meiner Familie?« Und: »Wirkt sich der Alkohol bereits auf meine Gesundheit aus?«

Machen Sie eine kurze Pause, stellen Sie sich diese drei grundsätzlichen Fragen und beobachten Sie, ob es Ihnen leichtfällt, sie ehrlich zu beantworten.

Menschen, die zuviel trinken, sehen sich selbst fast immer als schwach, einigermaßen unzulänglich und außerstande, ohne Verstärkung durch etwas Alkohol mit dem Leben klarzukommen. Dieses grundlegende Gefühl von Minderwertigkeit entsteht meist während der Kindheit durch falschgeartete Erziehung und andere negative Erfahrungen und liegt praktisch allen Fällen von Alkoholmißbrauch zugrunde.
Parallel dazu herrscht die Eigenschaft vor, ohne Alkohol mit dem real existierenden Leben unzufrieden zu sein. Auch hier führen Kindheitsschwierigkeiten zu derartiger Unzufriedenheit mit der Realität. Als Erwachsene entwickeln solche Menschen die Gewohnheit, ihr übliches Bewußtsein verändern zu wollen, um die Gegenwart genießen zu können.
Betrachten Sie sich innerlich sehr ehrlich und stellen Sie fest, ob Sie ein solcher Mensch sind.
Merkwürdigerweise betrachten die meisten Trinker das überhaupt nicht als Teil ihrer Persönlichkeit. Sie trinken gemeinsam mit allen anderen, halten ihren Alkoholkonsum für »normal« und somit für nichts, das bewußte Reflexion verlangen würde.
Doch das Verharren auf dieser Bewußtseinsebene, wo man gewohnheitsmäßig Alkohol benötigt, um sich gut und mit dem Leben zufrieden zu fühlen, bedeutet, ein Opfer einer grundsätzlich negativen Lebenseinstellung gegenüber dem »natürlichen«, nichtalkoholisierten Leben zu bleiben.
Ich meine, daß jemand seine Trinkgewohnheiten nicht mehr im Griff hat, wenn er täglich oder fast täglich Alkohol benötigt, um das Leben zu genießen.
Ich habe mir eine Daumenregel zurechtgelegt, die es mir leichtmacht, zu bemerken, wenn ich anfange, mich dem Alkohol mehr hinzugeben, als für meine Gesundheit und meine Selbstachtung gut ist. Ich trinke nie an mehr als drei aufeinanderfolgenden Tagen. Der vierte Tag bleibt völlig alkoholfrei und meistens auch einige Tage danach. Auf diese Weise kann ich mich

selbst am vierten Tag beobachten und feststellen, ob ich ein Bedürfnis nach etwas zu trinken empfinde, um einen bestimmten Abschnitt des Tages genießen zu können.
Wenn ich am vierten Tag ein starkes Verlangen verspüre, dann ist das für mich ein klares Zeichen, daß ich Mißbrauch betreibe. Dann ist es an der Zeit, in mich zu gehen, um zu einer besseren Beziehung zum gegenwärtigen Augenblick zu gelangen. Was meistens den Wunsch nach einem Getränk am Ende jedes Arbeitstages in mir aufkommen läßt, um entspannen und Probleme loslassen zu können, ist das Auftürmen von einer Herausforderung nach der anderen, die alle gleichzeitig gelöst werden wollen. Die meisten Menschen können mit einem oder ein paar Problemen gut umgehen. Doch wenn sich zu viele überlagern, wird Alkohol oftmals zum ersehnten, sogar notwendigen Mittel zum Freiwerden von Sorgen und Finden der nötigen Ruhe.
Das Problem beim täglichen Alkoholgenuß, auch wenn es sich nur um ein oder zwei Gläser handelt, ist, daß sogar solche Mengen der Gesundheit abträglich sind und die Fähigkeit schmälern, Probleme zu lösen. Gerade aber diese Fähigkeit sollte bei Krisenzuständen nicht beeinträchtigt sein, damit man die Probleme entschlossen lösen kann. Ferner ist Trinken ein psychischer Fluchtversuch, der in uns das Gefühl verstärkt, den Problemen nicht gewachsen zu sein, wenn uns die Droge nicht »hilft«.
Letztlich sei hierzu noch angemerkt, daß tagtägliches Trinken häufig von einer Steigerung der Menge begleitet wird, und irgendwann entgleitet einem dann tatsächlich die Kontrolle. Mein Rat in diesem Kapitel lautet: Gewöhnen Sie sich an, auf sich selbst zu achten, damit Sie sich rasch bewußt werden, wenn Ihre Trinkgewohnheiten zunehmen. So können Sie dann dagegen ankämpfen, bevor schädliche Ausmaße erreicht werden.
Gewiß trinken viele von Ihnen täglich etwas, Woche für Woche, jahrein, jahraus, ohne je einen Tag auszulassen. Vielleicht hatten

Sie daher meinen Vorschlag, mal ein oder zwei Tage lang oder zumindest einen Tag pro Woche Verzicht zu üben, für völlig indiskutabel. Sie lieben Ihr Bier, Ihre Mixgetränke oder Ihren Wein nach der Arbeit und fühlen sich bei Ihren Trinkgewohnheiten ganz wohl.

Dazu kann ich nur nochmals betonen, daß ich Ihnen keineswegs meine Vorstellungen aufzwingen will. Mein Vorschlag, in regelmäßigen Abständen auf Alkohol zu verzichten, ist lediglich ein Fingerzeig in eine gesunde Richtung. Nur Sie können bestimmen, wo Ihre Grenzen liegen sollten und inwieweit Sie sich bei Ihrer Alkoholabhängigkeit gut fühlen.

Meine eigentliche Frage ist die: Unterminiert Ihr derzeitiger Alkoholkonsum in irgendeiner Weise Ihren möglichen Genuß am Leben oder Ihr Erfolgspotential auf den von Ihnen bestimmten Gebieten?

Viele Menschen können das am besten feststellen, indem sie ehrlich darauf achten, wie die Menschen um sie herum auf ihren Alkoholkonsum reagieren. Achten Sie besonders auf die Reaktionen des Menschen, der Ihnen am nächsten ist, Ihr bester Freund oder Partner. Fühlt sich dieser Mensch irgendwie außen vor, alleingelassen, wenn Sie trinken? Wir kennen ja die psychisch unumstößliche Tatsache, daß Ihre Fähigkeit zu echtem Herzenskontakt nachläßt, wenn Sie mit einigen Getränken in Ihre alkoholische Welt übergehen. Sind Sie sich der alkoholischen Abschottung bewußt, die Sie mit jedem weiteren Getränk zwischen sich und dem geliebten Menschen errichten?

Könnte es jedoch auch möglich sein, daß Sie jemanden, den Sie lieben, dazu zwingen, jenseits der eigenen Grenzen zusammen mit Ihnen zu trinken, damit Sie Ihren Kontakt auf einer gemeinsamen Rauschebene beibehalten?

Ist es tatsächlich notwendig, zu trinken, um sich zu amüsieren?

Denken Sie einmal über diese beiden Fragen eingehend nach;

es sind äußerst wichtige Fragen. Dazu können Sie nun die Lektüre unterbrechen und sich einige Augenblicke Zeit nehmen.

Große Teile unserer Kultur sind in Traditionen des Trinkens eingebettet. Bei vielen von Ihnen werden die Vorschläge in diesem Buch im krassen Gegensatz zu Ihrer Erziehung stehen, und das ganz besonders, wenn Sie ein Mann sind. Ich erinnere mich an einen Besuch in einem Weinbaugebiet, wo ein guter Freund wohnt, und dessen Verwandtschaft ich auch kennenlernte. Nach einigen Tagen des unablässigen Trinkens mit diesen Weinbauernfamilien war ich überzeugt, daß 90 Prozent von ihnen treue Alkoholiker waren, die praktisch seit ihren Jugendjahren täglich vier bis fünf Gläser Wein tranken. Diese Männer, und zu einem geringeren Grad auch die Frauen, hätten mich bei der Andeutung nur ausgelacht, daß sie, erstens, Alkoholprobleme hätten, und zweitens, daß es ihrer Gesundheit zuträglich sein könnte, ihre Getränke zu zählen und vielleicht einen alkoholfreien Tag pro Woche einzulegen.
Schließlich vertraute mir mein Freund jedoch an, daß der Alkoholismus unbestreitbar das größte Gesundheitsproblem der Gegend sei. Die Familien hätten sehr unter dem Mangel an Kommunikation zu leiden, den das chronische Trinken hervorruft, und die Produktivität des gesamten Landstrichs sei vom Alkoholismus erheblich beeinträchtigt. Doch dann hob er die Hände und sagte: »Was soll man dagegen unternehmen? Die Menschen dieser Gegend machen und trinken Wein seit 15 oder 20 Generationen. Wie durchbricht man derartig eingefleischte Gewohnheiten, auch wenn sie der Gesundheit der Menschen schaden und die Familien darunter leiden?«
Wichtig dabei ist jedoch folgendes: Mein Freund wuchs in dieser Gegend auf, aber er lernte es, seinen Konsum im Zaum zu halten, er durchbrach die Tradition. Und er tat es, weil er sich über die Gesundheitsprobleme informiert hatte, die der Alko-

hol hervorruft. Besonders hatte er erkannt, wie sich das Trinken schädlich auf sein Berufsleben auswirkte und seine persönlichen Beziehungen beeinträchtigte. Er beschloß, seinen Alkoholkonsum zu verringern, weil er mehr vom Leben haben wollte — so einfach ist es.

An diesem Punkt der Diskussion geht es nun um Sie und um Ihre Meinung darüber, ob Sie zur Zeit zuviel trinken oder nicht. Wenn nicht, um so besser. Sie sollten den Rest des Buches aber trotzdem lesen, um etwas Konkretes in der Hand zu haben, falls Sie irgendwann in Gefahr geraten, zuviel zu trinken.

Sollten Sie aber das Gefühl haben, daß Sie tatsächlich Alkoholmißbrauch betreiben, dann ist es Zeit, ein praktikables Programm vorzustellen, mit dem Sie Ihren Konsum schrittweise verringern können. Gleichzeitig werden Sie Ihre Beziehung zur Gegenwart verbessern, ungeachtet dessen, ob Sie Alkohol im Körper haben oder nicht. Einige Techniken dieses Programms habe ich Ihnen bereits vorgestellt. Jetzt ist es Zeit, diese und einige andere anzuwenden.

Machen Sie also einige Augenblicke Pause und legen Sie das Buch beiseite. Betrachten Sie in diesem Moment Ihre Gefühle und Gedanken zu den Beweggründen, die Sie weniger trinken lassen.

9

Den Alkoholkonsum verringern

In diesem Kapitel erhalten Sie handfestes Rüstzeug, mit dem Sie die Anzahl Ihrer Getränke pro Tag, pro Woche und hoffentlich für den Rest eines langen, glücklichen Lebens herabsetzen können. Damit Ihnen dieser Prozeß möglichst leichtfällt, finden Sie in den Text eingefügt Muster der Unterlagen, mit denen ich meine Patienten ausstatte. Ich möchte Sie auffordern, einen Stift zu nehmen und bereits auf den folgenden Seiten die Antworten einzutragen, um möglichst schnell einen Überblick über Ihre derzeitigen Trinkgewohnheiten zu erhalten. Das Aufschreiben solcher Information wirkt zusätzlich motivierend, da es eine Handlung ist, die Sie auf dem Wege zu Ihrem Ziel vollbringen.
Wir sollten zum Beispiel jeden Ort, an dem Sie trinken, im Zusammenhang Ihrer Trinkgewohnheiten dort genau betrachten und Veränderungen überlegen, die Sie vielleicht am jeweiligen Ort bewirken wollen. Nur indem Sie derartig genau vorgehen, werden Sie für sich sinnvolle Obergrenzen entwickeln können.

Reflexionen über Ihre Trinkgewohnheiten

Auf den folgenden Seiten finden Sie Vordrucke zu acht Orten, an denen sicherlich häufig Alkohol getrunken wird, und über die Sie schrittweise nachdenken können. Sie sollten sich Notizen zu folgenden Einzelheiten machen: Wie oft Sie dort Alkohol trinken, mit wem zusammen, über die Art der konsumierten Getränke, wieviel Sie meistens trinken, was Sie dort üblicherweise tun und in welcher Stimmung Sie meistens sind, wenn Sie dort trinken.

Danach kreuzen Sie bitte diejenigen Aussagen an, von denen Sie glauben, daß sie Ihre Einstellung zu dieser Situation oder eine eventuell gewünschte Veränderung am besten wiedergeben. Die Schlußfolgerungen, die Sie mit jedem dieser Orte verbinden, bilden dann die Ausgangspunkte für die danach folgenden Schritte zur tatsächlichen Verringerung Ihres Konsums am einzelnen Ort.

Die ersten sechs Örtlichkeiten umfassen Stätten, an denen Menschen meistens Alkohol trinken:

1. Restaurants, 2. Kneipen, Bars, Bistros oder Cafés, 3. zu Hause, 4. bei Freunden in der Wohnung, 5. am Arbeitsplatz und 6. im Freien (Grillparty, Wanderung, Picknick).

Bei den letzten beiden Orten heißt es einfach »Weitere«, damit Sie die eintragen können, die von mir unerwähnt blieben, und auch über sie nachdenken. Nehmen Sie sich daher bitte die Zeit, über die nachstehenden Seiten nachzudenken und sie auszufüllen.

1. Restaurants:

a) Wie oft trinken Sie Alkohol im Restaurant?

______ Regelmäßig (fast täglich)

______ Häufig (mindestens einmal pro Woche)

______ Gelegentlich (mehrmals im Monat)

______ Selten (weniger als einmal im Monat)

______ Fast nie (einige Male im Jahr oder weniger)

b) Trinken Sie dort meistens allein oder in Gesellschaft?

____

____

Übliche Getränke: ______________________________

Übliche Alkoholmengen: ______________________________

Übliche Beschäftigung beim Trinken: ______________

____

Ihre übliche Stimmung dabei: ______________________

c) Kreuzen Sie die zutreffenden Aussagen an:

______ Ich trinke dort meistens zuviel.

______ Ich bin zufrieden mit den Mengen, die ich dort trinke.

______ Ich trinke mit den Leuten meistens zuviel.

______ Ich müßte lernen, in einer solchen Situation weniger zu trinken.

Anmerkungen: ______________________________

____

____

2. *Kneipen, Bars, Bistros, Cafés*

a) Wie oft trinken Sie Alkohol in Kneipen, Bars, Bistros oder Cafés?

______ Regelmäßig (fast täglich)

_____ Häufig (mindestens einmal pro Woche)

_____ Gelegentlich (mehrmals im Monat)

_____ Selten (weniger als einmal im Monat)

_____ Fast nie (einige Male im Jahr oder weniger)

b) Trinken Sie dort meistens allein oder in Gesellschaft?

____

____

Übliche Getränke: ______________________________

Übliche Alkoholmengen: __________________________

Übliche Beschäftigung beim Trinken: _______________

____

Ihre übliche Stimmung dabei: _____________________

c) Kreuzen Sie die zutreffenden Aussagen an:

_____ Ich trinke dort meistens zuviel.

_____ Ich bin zufrieden mit den Mengen, die ich dort trinke.

_____ Ich trinke mit den Leuten meistens zuviel.

_____ Ich müßte lernen, in einer solchen Situation weniger zu trinken.

Anmerkungen: _________________________________

____

____

3. Zu Hause

a) Wie oft trinken Sie zu Hause Alkohol?

______ Regelmäßig (fast täglich)

______ Häufig (mindestens einmal pro Woche)

______ Gelegentlich (mehrmals im Monat)

______ Selten (weniger als einmal im Monat)

______ Fast nie (einige Male im Jahr oder weniger)

b) Trinken Sie zu Hause meistens allein oder mit Ihrem Partner oder Ihren Freunden?

____

Übliche Getränke: ______________________________

Übliche Alkoholmengen: __________________________

Übliche Beschäftigung beim Trinken: _______________

Ihre übliche Stimmung dabei: ______________________

c) Kreuzen Sie die zutreffenden Aussagen an:

______ Ich trinke zu Hause meistens zuviel.

______ Ich bin zufrieden mit den Mengen, die ich zu Hause trinke.

______ Ich trinke in Gesellschaft zu Hause meistens zuviel.

______ Ich müßte lernen, in einer solchen Situation weniger zu trinken.

Anmerkungen: ________________________________

____

4. Bei Freunden in der Wohnung

a) Wie oft trinken Sie Alkohol bei Freunden?

_____ Regelmäßig (fast täglich)

_____ Häufig (mindestens einmal pro Woche)

_____ Gelegentlich (mehrmals im Monat)

_____ Selten (weniger als einmal im Monat)

_____ Fast nie (einige Male im Jahr oder weniger)

b) Trinken Sie bei Freunden meistens für sich allein oder zusammen mit Ihren Freunden?

____

Übliche Getränke: ______________________________

Übliche Alkoholmengen: __________________________

Übliche Beschäftigung beim Trinken: _______________

Ihre übliche Stimmung dabei: _____________________

c) Kreuzen Sie die zutreffenden Aussagen an:

_____ Ich trinke dort meistens zuviel.

_____ Ich bin zufrieden mit den Mengen, die ich dort trinke.

_____ Ich müßte lernen, in einer solchen Situation weniger zu trinken.

Anmerkungen: ______________________________

____

5. Am Arbeitsplatz

a) Wie oft trinken Sie Alkohol am Arbeitsplatz?

_____ Regelmäßig (fast täglich)

_____ Häufig (mindestens einmal pro Woche)

_____ Gelegentlich (mehrmals im Monat)

_____ Selten (weniger als einmal im Monat)

_____ Fast nie (einige Male im Jahr oder weniger)

b) Trinken Sie dort meistens allein oder mit Ihren Kollegen?

____

Übliche Getränke: ______________________

Übliche Alkoholmengen: __________________

Üblicher Anlaß zum Trinken: ______________

Ihre übliche Stimmung dabei: ______________

c) Kreuzen Sie die zutreffenden Aussagen an:

_____ Ich trinke am Arbeitsplatz meistens zuviel.

_____ Ich bin zufrieden mit den Mengen, die ich dort trinke.

_____ Ich trinke mit den Kollegen während der Arbeitszeit meistens zuviel.

_____ Ich müßte lernen, in einer solchen Situation weniger zu trinken.

Anmerkungen: ______________________

____

6. Im Freien (Grillparty, Wanderung, Picknick)

a) Wie oft trinken Sie Alkohol im Freien?

_____ Regelmäßig (fast täglich)

_____ Häufig (mindestens einmal pro Woche)

_____ Gelegentlich (mehrmals im Monat)

_____ Selten (weniger als einmal im Monat)

_____ Fast nie (einige Male im Jahr oder weniger)

b) Trinken Sie dort meistens allein oder in Gesellschaft?

____

Übliche Getränke: ______________________________

Übliche Alkoholmengen: __________________________

Übliche Beschäftigung beim Trinken: _________________

Ihre übliche Stimmung dabei: _______________________

c) Kreuzen Sie die zutreffenden Aussagen an:

_____ Ich trinke dort meistens zuviel.

_____ Ich bin zufrieden mit den Mengen, die ich dort trinke.

_____ Ich trinke mit den Leuten meistens zuviel.

_____ Ich müßte lernen, in einer solchen Situation weniger zu trinken.

Anmerkungen: ___________________________________

____

____

7. Weitere Orte ______________________________

a) Wie oft trinken Sie Alkohol an diesen Orten?

_____ Regelmäßig (fast täglich)

_____ Häufig (mindestens einmal pro Woche)

_____ Gelegentlich (mehrmals im Monat)

_____ Selten (weniger als einmal im Monat)

_____ Fast nie (einige Male im Jahr oder weniger)

b) Trinken Sie dort meistens allein oder in Gesellschaft?

____

Übliche Getränke: ______________________________

Übliche Alkoholmengen: __________________________

Übliche Beschäftigung beim Trinken: _________________

Ihre übliche Stimmung dabei: _____________________

c) Kreuzen Sie die zutreffenden Aussagen an:

_____ Ich trinke dort meistens zuviel.

_____ Ich bin zufrieden mit den Mengen, die ich dort trinke.

_____ Ich trinke mit den Leuten meistens zuviel.

_____ Ich müßte lernen, in einer solchen Situation weniger zu trinken.

Anmerkungen: ______________________________

____

____

8. Weitere Orte ______________________________

a) Wie oft trinken Sie Alkohol an diesen Orten?

_____ Regelmäßig (fast täglich)

_____ Häufig (mindestens einmal pro Woche)

_____ Gelegentlich (mehrmals im Monat)

_____ Selten (weniger als einmal im Monat)

_____ Fast nie (einige Male im Jahr oder weniger)

b) Trinken Sie dort meistens allein oder in Gesellschaft?

____

Übliche Getränke: ____________________________

Übliche Alkoholmengen: _______________________

Übliche Beschäftigung beim Trinken: ______________

Ihre übliche Stimmung dabei: ___________________

c) Kreuzen Sie die zutreffenden Aussagen an:

_____ Ich trinke dort meistens zuviel.

_____ Ich bin zufrieden mit den Mengen, die ich dort trinke.

_____ Ich trinke mit den Leuten meistens zuviel.

_____ Ich müßte lernen, in einer solchen Situation weniger zu trinken.

Anmerkungen: ______________________________

____

____

Sobald Sie eingehend über die verschiedenen Situationen, in denen Sie meistens trinken, reflektiert haben, können Sie ehrlich betrachten, wie jede Örtlichkeit Ihren Alkoholkonsum beeinflußt. Jetzt können Sie sich der Zählkarten-Methode widmen, die Ihnen den jeweiligen Konsum aufzeigt.

Die Zählkarten-Methode

Ich führe Ihnen nun Muster-Zählkarten vor, aus denen Sie ersehen können, welche Informationen Sie zu jedem Getränk festhalten könnten. Es empfiehlt sich, für jeden Tag eine eigene Karte zu verwenden, auf der Sie morgens Tag und Datum eintragen. Das unterstützt die Gewohnheit des Eintragens von Getränken im Laufe des Tages.
Sie werden feststellen, daß es einfach ist, die fünf Angaben festzuhalten, die ich vorschlage. In der Spalte »Zahl« numerieren Sie chronologisch jedes Getränk, das Sie zu sich nehmen, angefangen mit der 1, jedes weitere mit 2, 3, 4 und so fort. Dann notieren Sie, innerhalb welcher Zeit Sie es getrunken haben, was für eine Art von Getränk es ist, wo Sie sich befinden und ob Sie allein oder in Gesellschaft sind. Dies ist ganz deutlich eine Weiterführung des Prozesses, den Sie mit den acht Örtlichkeitskarten begannen.

Ein Muster einer Zählkarte, das kopiert werden kann, finden Sie auf der nächsten Seite.

Zählkarte für (Tag): ________________ (Datum) ________

Zahl	Zeit (in Minuten)	Getränkeart	Ort	Begleitung

Nach einer Woche des täglichen Ausfüllens von Zählkarten bedienen Sie sich der folgenden Form, um das Wochenergebnis für einen Monat einzutragen.

Wöchentliche Zusammenfassung			
Wóche (Datum)	Gesamtzahl an Getränken diese Woche	Höchste Zahl an einem Tag	Tage ohne Alkohol

Aus diesen wöchentlichen Zusammenfassungen Ihrer Zählkarten werden Sie klar ersehen können, ob die Anzahl Ihrer Getränke pro Woche steigt, gleich bleibt oder sich verringert. Auch ist es wichtig, feststellen zu können, was Ihr höchster Tageskonsum war, da Sie diese Zahl wohl auch senken werden wollen. Die alkoholfreien Tage pro Woche sind gleichermaßen bedeutend.

Vielen von Ihnen mag die Einfachheit dieser verhaltensverändernden Methode zu lapidar oder zu oberflächlich erscheinen, als daß sie Ihnen helfen könnte. Doch genau das Gegenteil ist der Fall: Indem Sie den mechanischen Vorgang des Festhaltens Ihrer Trinkgewohnheiten durchführen, während Sie die Getränke zu sich nehmen, wird Ihnen die Geschwindigkeit bewußt, mit der Sie trinken, Sie registrieren Ihre Gefühle bei jedem weiteren Getränk. Somit konzentrieren Sie Ihre bewußte Aufmerksamkeit, das stärkste Mittel für positive Veränderung, auf jedes zusätzliche Getränk. Auch wenn Sie in diesem Programm nichts weiter tun, als Ihre Zählkarten täglich auszufüllen, werden Sie wahrscheinlich feststellen, daß Ihr gestärktes Bewußtsein innerhalb von zwei bis drei Wochen zu verringertem Alkoholkonsum führt. Ich habe bereits so viele Erfolge mit dieser Methode erlebt, daß ich ohne zu zögern sagen kann, daß sie funktioniert!

Es gibt einen abschließenden, einfachen Schritt, um den Erfolg bei der angestrebten Mäßigung zu beschleunigen. Dabei geht es darum, zum Wochenbeginn eine Entscheidung zu treffen, wieviel Sie im Verlauf der Woche trinken wollen. Ich bin nicht dafür, diesen speziellen Trick zur Verhaltensänderung zu übertreiben. Meiner Meinung nach verliert man allmählich jenes Feingefühl von Spontaneität, das in dieser Situation jede Entscheidung begleiten sollte, wenn man zu viele Vereinbarungen mit sich selbst eingeht.

Doch sind etwas Disziplin und Zielsetzung bei Alkohol von

großer Hilfe. Sie verhindern, daß Sie sich in alkoholbetonten Situationen spontan mitreißen lassen.
Wenn Sie Ihre Wochenziele wie vorgeschlagen aufschreiben und sie dann nicht einhalten sollten, ist es wichtig, einfach zu akzeptieren, daß sie zu hoch gesteckt waren, statt sich als Versager oder schuldig zu fühlen. Es ist wichtig, freundlich mit sich selbst umzugehen, sich realistische Ziele zu setzen und sich Zeit zu lassen (wir sprachen von drei Monaten), den gewünschten Zustand zu erreichen. Wenn Ihnen danach ist, füllen Sie also die »Wöchentliche Zielsetzung« aus und tun Sie Ihr Bestes, innerhalb dieser gesunden Grenzen zu bleiben.

Muster für die Wochenziel-Karte

Wöchentliche Zielsetzung		
Datum dieser Woche: vom ____________ bis ____________		
	Vorhaben	tatsächlich
Höchstzahl meiner Getränke diese Woche:	______	______
Höchstzahl von Getränken pro Tag:	______	______
Höchstzahl von Getränken		
in einer Stunde: ________		
in zwei Stunden: ________		
in drei Stunden: ________		
in vier Stunden: ________		
Anzahl der völlig alkoholfreien Tage:	______	______
Situationen, in denen ich gar nicht trinken werde:		
____		
____		

Diese Wochenziel-Karte sollten Sie für 16 Wochen anlegen, also für ein Vierteljahr und einen Monat zusätzlich. Dies ist ratsam, um Ihre neuen Gewohnheiten zur Routine werden zu lassen.
Für die wöchentlichen Zielsetzungen sind bei einigen Kategorien zwei freie Stellen, eine für Ihre beabsichtigte Zahl und die zweite für die tatsächliche Zahl. So sehen Sie auf einen Blick, wie die Woche tatsächlich verlief.
Bevor Sie sich an eine Karte für eine neue Woche machen, schlage ich folgendes vor: Machen Sie vor dem Ausfüllen eine Pause. Atmen Sie bewußt und entspannen Sie sich, lassen Sie Ihre Gedanken zur Ruhe kommen, bevor Sie sich ihr widmen. Reflektieren Sie über die vergangene Woche. Überprüfen Sie die Zahlen und stellen Sie fest, wie Sie abgeschnitten haben. Entscheiden Sie dann, was Ihr Ziel für die kommende Woche sein soll. Denken Sie darüber nach, an welchem Ort Sie wahrscheinlich trinken werden, und wie es Ihnen dort beim letztenmal erging. Nehmen Sie sich nun die Karte vor und denken Sie über Ihr Ziel nach, bevor Sie etwas eintragen. Atmen Sie in die Gefühle des gegenwärtigen Augenblicks hinein. Tragen Sie dann die Zahl ein, die Sie sich mit Selbstvertrauen zumuten. Sagen Sie sich dabei: »Ich werde mein Bestes tun, um innerhalb dieser Grenzen zu bleiben.« Sie sollten ein gutes Gefühl zu dem haben, wozu Sie sich verpflichten.
Sie haben jetzt folgendes an praktischem Rüstzeug für die schrittweise Verringerung Ihres Alkoholkonsums:

1. acht Vordrucke zu Orten und Situationen
2. ein Muster für Ihre täglichen Zählkarten
3. ein Muster für den monatlichen Fortschrittsbericht und
4. ein Muster für die Wochenziel-Karte

Mit Hilfe dieser Muster wird also dieses Buch zu Ihrem Hand- und Kontrollbuch, mit dem Sie den Fortschritt auf dem Wege zum verringerten Alkoholkonsum überprüfen. Die Zählkarten sind Ihre tägliche Verpflichtung dem Programm gegenüber. Das ist die Grundlage, um möglichst erfolgreich dabei zu sein.
Am Ende der Woche kontrollieren Sie Ihre Leistung und reflektieren gleichzeitig über die Ziele der vergangenen Woche, wenn Sie die der kommenden Woche überlegen.
Das heißt, Sie haben eine tägliche und zwei wöchentliche Aufgaben, also recht wenig Arbeit. Ich habe das Programm bewußt so entworfen, daß es mühelos und rasch zu absolvieren ist. Die wirkliche Herausforderung liegt bei Ihnen, in Ihrer Entschlossenheit, etwas zu unternehmen. Machen Sie es sich in der ersten Woche möglichst leicht, reflektieren Sie über die Vordrucke zu den acht Orten, die Sie ausfüllen. Üben Sie sich zudem in der Routine des Ausfüllens der Zählkarten für jeden Tag. Nehmen Sie sich am Ende der Woche eine feste Zeit vor, um die Zusammenfassungen einzutragen. Legen Sie anschließend Ihre Ziele für die nächste Woche fest.
Diese Vorgänge bilden den Kern der Techniken zur Verhaltensveränderung, die den Alkoholkonsum verringern sollen. Alleine für sich genommen kann das Programm bereits wirksam für Sie sein. Gewohnheiten sind eher einfache Gebilde, die wir auf ihrer eigenen Ebene angehen müssen, wenn wir sie verändern wollen. Daher sind Techniken zur Veränderung des Verhaltens so wunderbar einfach. Das Programm, das Sie in den Händen halten, ist besonders vielversprechend.
Wie ich jedoch im Laufe dieses Buches anmerkte, ist Verhaltensveränderung nicht die einzige Dimension in unserer Psyche. Wir sind nicht einfach konditionierte Persönlichkeiten, die eine gesündere Programmierung brauchen. Wichtig ist, daß Gewohnheiten verändert werden. Doch das genügt angesichts der positiven Gründe, aus denen wir Alkohol trinken, an sich noch nicht.

Daher werde ich im folgenden Kapitel drei Rituale vorstellen. Sie sind von gleichwertiger Bedeutung in einer abgerundeten Betrachtungsweise des vernünftigen Umgangs mit Alkohol.
Auch werde ich einige offene Worte darüber sagen, wie Sie das Trinken jedes einzelnen Getränks verlangsamen können, ein weiterer wichtiger Aspekt. Die Zählkarten lenken unsere Aufmerksamkeit dorthin, wo wir sie haben wollen. Die nächste Frage ist, wie wir dann kreativ mit unserer Aufmerksamkeit umgehen. Überlegen Sie Ihre eigene Antwort darauf, bevor Sie mit dem nächsten Kapitel beginnen.

10

Sich in selbstgesteckten Grenzen bewegen

Im Leben der meisten Menschen gibt es Zeiten, in denen auch geringe Mengen an Alkohol gefährlich sein können und der Verstand ein klares »Nein« laut werden läßt. Heutzutage kennen die meisten Frauen die medizinische Tatsache, daß sogar geringe Alkoholmengen Fehlentwicklungen während der Schwangerschaft verursachen können. Früher gab es darüber keine Klarheit. Viele Frauen tranken gelegentlich, ohne sich bewußt zu sein, daß das ihr Kind gefährden könnte. Bei manchen Babys traten Fehlentwicklungen auf, die auf den Alkoholkonsum der Mutter zurückzuführen waren, aber mit Sicherheit stand das nicht fest.

Heute werden schwangere Frauen eindringlich ermahnt, gar keinen Alkohol zu trinken, weil das Risiko vorgeburtlicher Schäden einfach zu groß ist. Das stellt eine strenge Eingrenzung für werdende Mütter dar. Sie dürfen mindestens neun Monate lang absolut keinen Alkohol zu sich nehmen, wenn sie ihr Baby keinem Risiko aussetzen wollen.

Ich hebe dies besonders hervor, weil es manchen Frauen wirklich schwerfällt, plötzlich nichts Alkoholisches mehr zu trinken. Im ersten Monat der Schwangerschaft, bevor diese festgestellt wird, trinken viele Frauen noch sehr viel und gefährden bereits das entstehende Kind.

Man sollte sich aber vor Augen halten, daß auch das tägliche Trinken von einigen Gläsern Wein oder Bier während der Schwangerschaft nicht automatisch bedeutet, daß dem Kind geschadet wird. Es bedeutet lediglich, daß die Risiken von Fehlentwicklungen statistisch gesehen höher sind. Die Babys der meisten Frauen, die trinken, sind davon nicht merklich beeinträchtigt. Bei Frauen, die starke Trinkerinnen sind, weisen die Kinder jedoch meistens Fehlentwicklungen auf, da sie den Alkohol im Körper der Mutter aufnehmen, und mit ihm alle negativen Auswirkungen des Mißbrauchs.

Doch wie geht es nach der Entbindung weiter? Wenn Sie das Baby stillen, geht Ihr Alkohol direkt in die Muttermilch und somit den Kreislauf des Babys über. Bis zu welchem Grad ist dies unbedenklich?

Jeder Arzt, mit dem Sie sprechen, wird auf diese Frage etwas anders reagieren. Ich kenne Ärzte, die Frauen raten, während der Stillzeit überhaupt nicht zu trinken. Andererseits kenne ich Ärzte, die der Meinung sind, daß ein wenig Alkohol gelegentlich in der Muttermilch entspannend wirkt und dem Säugling nicht schadet und die Mutter sich gemäßigtes Trinken erlauben kann. Ich habe jedoch noch keinen Arzt kennengelernt, der die Meinung vertrat, daß regelmäßiges Trinken dem Baby gut tut. Die Grenzen müssen äußerst niedrig gehalten werden, doch was bedeutet das in der Praxis?

Ich möchte dazu nur die Auffassung meiner Frau wiedergeben, da sie zur Zeit stillt. Unser Baby ist sechs Wochen alt, und neulich abend gingen wir zum erstenmal seit der Geburt in ein Restaurant. Natürlich kam dabei die Frage auf, ob es vertretbar für sie wäre, zusammen mit dem Essen ein Glas Wein zu genießen, wie vor der Schwangerschaft. Meine Frau stammt aus einer Kultur, wo es als völlig üblich angesehen wird, wenn eine stillende Mutter zum Essen ein Glas Wein oder Bier trinkt. Bei gelegentlichen Anlässen sieht man darin auch keine Gefahr für das Kind. Also bestellte sie ihren Wein, genoß ihn und fühlte sich wohl mit ihrer Entscheidung.

Ungeachtet der Gründe, warum wir meinen, unsere Alkoholaufnahme einschränken zu müssen, gelangt jeder von uns individuell an den Moment der Wahrheit, wo wir alleine entscheiden müssen, was angebracht und was zuviel ist. Die Gefühle meiner Frau zu ihren derzeitigen Grenzen besagen, daß ein Glas Wein und vielleicht ein kleines Bier einmal pro Woche die Obergrenze darstellen, solange sie stillt. Auch hat sie ihre Grenzen durch ihr Muttersein niedriger angesetzt.

Weise handeln heißt, Situationen aus allen Perspektiven betrachten. Man legt zwanghaftes Verhalten und selbstbezogene Beweggründe beiseite und gelangt zu einem Verständnis der Situation, das allen Beteiligten gerecht wird. Alles befindet sich ständig im Prozeß der Veränderung, und wir müssen unsere Beziehung zum Alkohol daher dauernd neu bewerten. Neue Situationen dürfen nicht von alten Trinkgewohnheiten beeinträchtigt werden. Am Beispiel einer jungen Mutter ist das offensichtlich. Es wäre alles andere als klug, ein hilfloses Baby in angetrunkenem Zustand zu versorgen.

Doch nicht weit entfernt davon begegnet man dem Vater und begreift, daß auch er seine Trinkgewohnheiten der neuen Lebenssituation entsprechend überdenken muß. Während meine Frau schwanger war, fiel mein Alkoholkonsum praktisch auf Null zurück, da ich im gleichen Bewußtseinszustand sein wollte wie sie. Das ist eine natürliche Reaktion vieler werdender Väter, da sie es der Frau leichter machen, nichts zu trinken, wenn sie sich auch daran halten.

Ein betrunkener Vater, der seinem Baby ungewollt wehtut, ist eine furchtbare Vorstellung, die leider doch all zu häufig wahr wird. Alkohol und verantwortungsvolles Handeln passen nicht zusammen. Je mehr man trinkt, desto unverantwortlicher verhält man sich. Diese psychischen Auswirkungen verursacht der Alkoholrausch. Das Finden von klugen Grenzen stellt eine Ausgewogenheit zwischen dem Trinken und den Verantwortungen dar, die man trägt.

Wenn Sie sich also daranmachen, Ihre Trinkziele für die nächste

Woche festzulegen, ist es wichtig, daß Sie auch die Verantwortungen in Betracht ziehen, die Sie in dieser Woche zu tragen haben. Sie müssen sich so einschränken, daß Ihr Trinken weder Ihre Pflichten noch Ihre Kontakte zu anderen Menschen beeinträchtigt.

Merkwürdigerweise werden die gesunden Grenzen unseres Trinkens letztendlich von dem Faktor Liebe bestimmt. Der Hauptgrund, warum man seinen Alkoholkonsum einschränkt, ist Rücksicht auf den eigenen Körper, auf die eigenen Bedürfnisse sowie die der Menschen, die einen umgeben. Wenn man also Vater wird, hält man sich aus Liebe und dem Wunsch nach engerem Herzenskontakt beim Trinken zurück.

Eine der Hauptursachen für Alkoholmißbrauch ist zweifelsohne die Unfähigkeit, nüchtern sein Herz zu öffnen und in Beziehung zu Menschen zu treten. Wie wir wissen, schaffen einige Getränke die Illusion von Kameradschaft und Herzenskontakt. Dabei bleibt es aber auch — bei einem illusorischen Gefühl. Es gibt nur ein Mittel für ein verkrampftes Herz, das Angst hat, sich wieder zu öffnen und ohne die verzerrende Einwirkung von Alkohol zu lieben. Das Mittel heißt, die Flasche beiseite zu stellen und sich unmittelbar mit dem Prozeß des Liebenlernens auseinanderzusetzen. Ein diesbezügliches Programm hier darstellen zu wollen, würde den Rahmen dieses Werks sprengen, doch es gibt gute Bücher dazu, und therapeutische Hilfe kann sehr wirksam sein. Mehr trinken bedeutet fast immer weniger lieben. Mit dem vor Augen fällt es einem leicht, dem Trinken vernünftige Grenzen zu setzen. Vielleicht möchten Sie an dieser Stelle eine Pause machen, das Buch beiseite legen, einige Male tief durchatmen und über Ihre eigenen Gefühle darüber reflektieren.

Ich gehe nun davon aus, daß Sie zu festen Entscheidungen darüber gelangt sind, wo Ihre Grenzen gesteckt sein sollten. Daher

wenden wir uns jetzt einigen weiterreichenden Vorschlägen darüber zu, wie Sie Ihren Alkoholkonsum auf die Mengen beschränken können, die Sie sich selbst gesetzt haben.
Ich möchte einige der naheliegenden und deshalb am häufigsten übersehenen Methoden besprechen, ein Getränk über längere Zeit zu trinken. Ihre Trinkgeschwindigkeit ist entscheidend dafür, wieviel Sie in einer gegebenen Situation trinken. Wenn Sie es fertigbringen, die Lebensdauer Ihrer Getränke zu verlängern, verringern Sie die Alkoholmenge, die Sie aufnehmen.
Ihre Zählkarte vorzunehmen, wenn Sie ein frisches Getränk erhalten, dient dem grundsätzlichen Zweck, Ihr Bewußtsein auf das Getränk zu lenken. Doch was machen Sie, nachdem Sie Ihre alte Gewohnheit durchbrochen haben, ein Getränk ganz automatisch zu trinken?
Wir gehen zurück zu dem Trinkritual, das wir im ersten Teil des Buches besprachen. Jedes Getränk, das Sie zu sich nehmen, kann unter einem Trinkritual getrunken werden. Dies ist der Schlüssel zur Verringerung Ihrer Trinkgewohnheiten und somit auch zu dem Tempo, in dem Sie das nächste Getränk bestellen oder sich selbst eingießen.
Deshalb möchte ich das Trinkritual nochmals vornehmen und zusätzlich erläutern, wie Sie ein Gewohnheitsgetränk in eine bedeutende, erfreulichere und wirksamere Erfahrung umwandeln können.

Die Wahl der Getränke

Überdenken Sie als erstes Ihre Wahlmöglichkeiten in einer gegebenen Situation. Als wir das Trinkritual besprachen, gingen wir von Wein aus. Doch wir alle haben unsere Lieblingsgetränke, und die werden natürlich Gegenstand unseres Trinkrituals sein.

Ein rascher Weg, Ihren Alkoholkonsum zu verringern, ist der, sich etwas anderes als Ihr Lieblingsgetränk zu nehmen. Wenn Sie zum Beispiel süße Weine lieben und sie daher schnell und in großen Mengen konsumieren, nehmen Sie einen trockeneren Wein, der nicht so süß und somit auch nicht so süffig ist. Viele Menschen trinken des süßen Geschmacks wegen. Ihn zu verringern bedeutet fast immer eine Verringerung der Geschwindigkeit, mit der getrunken wird. Dasselbe trifft für Mixgetränke zu. Wählen Sie eines, das nicht so gut schmeckt, wie das, das Sie meistens nehmen. Sie werden es langsamer trinken und weniger davon haben wollen. Dies ist eine einfache, aber dennoch höchst wirksame Erkenntnis.

Wenn Sie Biertrinker sind und nicht auf eine spezielle Marke bestehen, können Sie Ihren Bierkonsum halbieren, indem Sie Ihr Bier zur Hälfte mit »weißer« Limonade mischen, was auch gut schmeckt. Wenn Sie Bier häufig trinken, um Ihren Durst zu löschen, wird eine solche Mischung bei Ihnen wirksam sein.

Das Wichtige bei der Auswahl der Getränke ist, eines zu wählen, das nicht zu Ihren Favoriten gehört, das Sie aber dennoch trinken mögen. Wenn Ihnen das Geschmackserlebnis des Getränks wichtig ist, beginnen Sie, ähnliche Genüsse in nichtalkoholischen Getränken zu suchen.

Die Wahl der Freunde

Die Menschen, mit denen Sie Ihre Zeit verbringen, haben großen Einfluß darauf, wieviel und wie schnell Sie trinken. Oft wird es daher notwendig, sich mit trinkfreudigen Freunden weniger häufig zu treffen, wenn man seinen Alkoholkonsum verringern will. Das mag herzlos klingen – Freundschaften sollten nicht an solchen Überlegungen scheitern. Doch andererseits ziehen viele Saufkumpaneien die Beteiligten herab in ein unschönes Beziehungsmuster, und wenn Ihr Freund nicht geneigt ist, gemeinsam mit Ihnen weniger zu trinken, bleibt Ihnen nichts anderes übrig, als sich von dem Muster zu befreien. Sie müssen die Fakten realistisch abwägen.

Das gesellschaftliche Trinkritual

Im dritten Kapitel umschrieb ich das Trinkritual für Situationen des Alleinseins. Nun untersuchen wir derartig bewußtes Trinken, wenn Sie mit anderen zusammen sind. Es gibt keinen Grund, den gleichen Ablauf nicht durchzuführen, wenn Sie in Gesellschaft von Freunden sind. Besonders dann nicht, wenn Sie es bereits einige Male alleine durchgeführt haben und Ihnen das Gefühl dabei bekannt ist.

Es ist immer ein Gefühl in Ihnen, das Sie motiviert, alles Notwendige zu unternehmen, um an ein Getränk zu kommen. Der Beginn des Trinkrituals besteht darin, bewußt festzustellen, was Sie empfinden und denken, das Sie nach Alkohol suchen läßt.

Manchmal besuchen Sie einen Freund und bekommen als erstes etwas zu trinken angeboten. Eine gesellschaftlich übliche, freundliche Geste. Sie können jedoch auf Ihre Antwort achten. Sie müssen nicht automatisch zustimmen und annehmen, sondern können sich statt dessen Ihrer selbst bewußt werden, während Sie drei Atemzüge machen. Beim ersten Atemzug stimmen Sie sich auf das Gefühl Ihres Körpers ein und stellen fest, ob er wirklich nach Alkohol verlangt. Beim zweiten Atemzug stimmen Sie sich auf Ihre Emotionen ein und betrachten, ob Sie Alkohol brauchen, um Ihre Stimmung zu verändern. Sind Sie mit Ihren momentanen Gefühlen zufrieden, oder ist Ihnen danach, sie zu alkoholisieren?

Mit dem dritten Atemzug denken Sie an Ihren angestrebten Konsum für diese Woche. Befinden Sie sich in einer Situation, für die Sie entschieden haben, daß Trinken unklug wäre? Ist dies ein

Mensch, mit dem Sie nicht trinken wollten? Ist Ihre Konsumgrenze für heute bereits erreicht? Oder wollten Sie an diesem Tag gänzlich alkoholfrei bleiben?

Mit den drei Atemzügen erhalten Sie also folgende Informationen: a) wie Ihr Körper dem Alkohol gegenübersteht; b) ob Sie emotionell nach Alkohol verlangen und c), ob der angebotene Alkohol in Ihre rationell gefaßten Absichten für diese Woche paßt.

Was wir hiermit erreichen wollen, ist eine gewohnheitsmäßige Verinnerlichung vor jedem Getränk, um festzustellen, woher der Drang kommt, den Schluck zu nehmen. Wenn Sie alleine sind, fällt dieser Vorgang leichter. Ihr Freund aber erwartet eine Antwort auf seine Frage. Sie stehen da drei Atemzüge lang stumm herum und überlegen das Angebot. Vielleicht brauchen Sie auch länger dafür. Aber lassen Sie sich nicht unter Druck setzen. Nicht vergessen, man hat Ihnen gerade die wichtigste Frage von allen gestellt — ob Sie ein alkoholisches Getränk haben wollen. Sie befinden sich an der kritischen Wendemarke.

Halten Sie an Ihren drei Atemzügen vor der Antwort fest. Lassen Sie sie zur Gewohnheit werden und dann zu einem Teil Ihres normalen Verhaltens. Sie werden damit den ersten großen Schritt hin zur eigenständigen Bestimmung Ihrer Trinkgewohnheiten gemacht haben.

Ich schlage vor, daß Sie mindestens jedes zweite Mal, wenn jemand Sie auf diese Weise einlädt, freundlich ablehnen. Erleben Sie das gute Gefühl, »Nein« sagen zu können. Leben Sie die Rolle aus, jemand zu sein, der manchmal auch nein sagt, auch wenn Sie normalerweise ja gesagt hätten.

Wenn Sie »Nein« sagen, haben Sie sich automatisch in das Ritual des Nichttrinkens versetzt. Sie erfahren nun den Prozeß, den wir im ersten Teil des Buches besprachen. Sobald Sie ein Getränk ablehnen, begegnen Sie den Konsequenzen Ihrer Entscheidung. Vielleicht sehnt sich Ihr Körper nach einem Schluck Alkohol, um sich zu entspannen und sich gut zu fühlen. Vielleicht schreien Ihre Emotionen nach Alkohol, weil sie gerade Schmerzen empfinden. Vielleicht braucht Ihr Geist dringend Hilfe, um die Sorgen-Maschine abzuschalten und vergnügliche Gedanken einzuschalten.

In einem kleinen, aber traumatischen Maßstab befinden Sie sich »auf Entzug«. Sie werden zumindest einige Minuten lang sich so erleben müssen, wie Sie sind, ohne sich dabei auf Alkohol stützen zu können. Der kritische Punkt ist dieser: In dieser augenblicklichen Situation werden Sie innerlich wachsen, werden Sie aus erster Hand den tatsächlichen Grad Ihrer Sucht kennenlernen. Was Sie anschließend sehen werden, ist ein Mensch, der vor seinen eigenen Gefühlen weglaufen möchte. Auch werden Sie erkennen, daß Sie eine stark konditionierte Erwartungshaltung in sich aufgebaut haben. Die besagt, daß Sie sich besser fühlen werden, wenn Sie nur etwas trinken. Natürlich stammt die Wirkung des Getränks aus dieser Erwartung, aus der psychischen Wirkung des Getränks, nicht der biochemischen.

Wenn Sie diese Verbindung zwischen Erwartung und Erfahrung erkennen können, sehen, wie Ihnen, ähnlich einem Pawlowschen Versuch, beim Gedanken an ein Getränk das Wasser im Munde zusammenläuft, Sie sich verhalten wie eine konditionierte Laborratte, dann bekommen Sie Einsicht in das, was Sie zum Trinken treibt. Es ist Ihre Erwartung, ein Produkt der Vergangenheit, das Sie in die Zukunft projizieren und das Sie das angebotene Getränk annehmen läßt. Wenn Sie erkennen, wie diese automatische Erwartung funktioniert, wird Ihnen klar, daß Sie überhaupt keine Wahlfreiheit haben.

Durch die Ablehnung des ersten Ihnen angebotenen Getränks kommen Sie auch in die Lage, die Menschen um sich herum zu betrachten, mit denen Sie meistens ohne zu überlegen trinken. Wenn Sie etwas Alkoholfreies oder gar nichts trinken, merken Sie, wie der Alkohol die anderen beeinflußt und Sie beeinflußt hätte. Das kann eine äußerst ernüchternde Betrachtung sein. Ich erwähnte bereits, daß gesellschaftliches Trinken eine wunderbare Gelegenheit für Kommunikation sein kann. Es kann jedoch auch zu einer widerlichen Zeitverschwendung werden und einer Herabwürdigung des menschlichen Geistes. Wenn Sie jedes zweite Mal »Nein« sagen und die übliche Situation als »Außenseiter« beobachten, können Sie beurteilen, welche Zusammenkünfte etwas versprechen und welche nur Ihre Zeit vergeuden. Dann notieren Sie in Ihrer wöchentlichen Vorschau, letztere zu vermeiden.

Der verlängerte Schluck

Gehen wir davon aus, daß Sie das angebotene Getränk annehmen. Wenn Sie großen Durst haben, sollten Sie davor aber etwas Nichtalkoholisches, Durstlöschendes trinken.
Wichtig ist, vom alkoholischen Getränk kleinere Schlucke zu nehmen, und diese weniger häufig. Dabei ist Ihre Atmung das ideale Hilfsmittel. Als Atemtherapeut habe ich festgestellt, daß Menschen, deren Atmung angespannt ist, um so schneller trinken. Wenn Sie Ihr Trinken also verlangsamen wollen, beachten Sie Ihre Atmung. Das ist ein weiterer wichtiger Augenblick. Werden Sie daran denken, zwischen den Schlucken auf Ihre Atmung zu achten? Es zu tun, ist eine fundamentale Herausforderung an Sie.
Dabei wird Ihr Ausatmen am wichtigsten sein. Beachten Sie Leute, die schnell trinken. Sie sind auf ihr Einatmen fixiert und atmen nie vollständig aus. Sie halten ihren Atem in der Brust fest und sind angespannt.
Kehren Sie dieses Muster beim Atmen um. Atmen Sie nach jedem Schluck gründlich aus, bleiben Sie einige Augenblicke luftleer und lassen Sie den nächsten Atemzug von alleine kom-

men. Wenn Sie das einige Male tun, werden Sie sich wunderbar entspannt fühlen. Achten Sie darauf, wie lange Sie diese Art zu atmen beibehalten können, bevor Sie den nächsten Schluck nehmen.

»Berauscht« von der Luft

Die »berauschende Wirkung« der Luft setzt ein, wenn Sie so atmen, wie ich es vorgeschlagen habe. Sie werden feststellen, daß sich Ihre Bewußtseinsebene rasch in die Richtung verändert, die Sie meistens als Auswirkung einiger Getränke kennen. Wenn Sie so aus- und einatmen, werden Sie sich mit jedem Schluck, der auf diese Weise unterstützt wird, wohler fühlen.

Es gibt einfache Gründe dafür, daß viele Menschen mit Meditationen zufriedener sind als mit irgendwelchen einzunehmenden Mitteln. Wenn Sie in einem bestimmten Rhythmus atmen, empfinden Sie tatsächlich einen veränderten Zustand. Sie können ihn ohne irgendwelche negativen Nebenwirkungen genießen. Wenn Sie also ein Getränk ablehnen, können Sie so atmen und die gleiche Wirkung erfahren. Genehmigen Sie es sich jedoch, können Sie so atmen und bei ständig geringerem Konsum das gleiche Gefühl erhalten. Wenn ich mich auf meine Atmung konzentriere und mich gut fühle, stelle ich oft fest, daß ich das Getränk vor mir völlig vergessen habe.

Was geschieht, ist folgendes: a) Sie merken, wie sich die Anspannung in Ihrer Brust löst; b) Sie spüren ein Gefühl von Leichtigkeit im Kopf, ähnlich der durch Alkohol, aber besser; c) die optische und akustische Wahrnehmung Ihrer Umgebung verändert sich. Am wichtigsten ist aber, daß Sie, d), sich in schönem Kontakt mit den positiven Emotionen in Ihnen finden werden, da Sie etwas tun, das Ihre Liebe für sich selbst spiegelt. Auch

werden Sie jenes erhebende Gefühl haben, Herr über sich selbst zu sein, Ihre Zielsetzung zu verwirklichen.
Ich möchte das grundsätzliche Atmungsmuster mit Ihnen noch einmal durchgehen, so daß Sie es dann spontan nach Wunsch abändern können; fühlen Sie sich frei, es auszuprobieren. Beim nächsten Ausatmen ziehen Sie die Bauchmuskeln sanft zusammen, um die Lungen ganz zu leeren. Behalten Sie dann diese Spannung und das Gefühl des Leerseins einen Augenblick bei. Diese Erfahrung ist der Schlüssel des gesamten Vorgangs — seien Sie leer! (Menschen, die zuviel Alkohol trinken, blähen sich meistens auf und bemühen sich, ihr Ego größer werden zu lassen. Kehren Sie diese Grundtendenz beim Trinken einfach um. Seien Sie leer. Spüren Sie die erstaunliche Kraft in sich, mit der Sie nur in Kontakt treten, wenn Sie sich leer fühlen. Dies ist das Geheimnis aller Meister der Kampfkünste. Ihre Kraft liegt am tiefsten Punkt Ihrer Ausatmung!)
Wenn Sie dann Hunger nach Luft verspüren, ein Verlangen danach empfinden, das dem nach einem weiteren Getränk ähnelt, aber letztendlich echter ist, wenn Ihr gesamtes System nach Sauerstoff verlangt — entspannen Sie einfach Ihre Bauchmuskeln und lassen Sie die Luft durch Ihre Nase hereinströmen. Völlig mühelos erhalten Sie, wonach Sie hungerten!
Hier schaffen Sie in Ihrer emotionell-physischen Wahrnehmung eine Situation, die dem Verlangen nach einem Getränk ähnelt. Sie versetzen sich in einen leeren Zustand und verinnerlichen ihn. Dann entspannen Sie jene Muskeln, die Sie leer halten, bewußt und willentlich, als liebevolle Geste sich selbst gegenüber. Sie haben den Zyklus von leer und hungrig hin zu voll und zufrieden vervollständigt, und der nächste Zyklus wartet bereits darauf, geschehen zu können.
Wenn Sie mit diesem Atemritual den Alkoholkonsum von einigen Tagen ersetzt haben, werden Sie feststellen, daß Sie sich nach dem vollen Atmen sehnen, wenn Sie es einige Zeit lang

nicht praktiziert haben. Die meisten Menschen, die sich am Tagesende nach einem Getränk sehnen, hungern eigentlich nach tiefem Durchatmen. Das Trinken läßt sie entspannen, so daß sie tatsächlich wieder tief atmen, doch sie glauben, daß es der Alkohol war, den sie brauchten. Wir befinden uns jetzt am Kern der Suche nach einer Lösung des Alkoholproblems.
Wie bringen Sie sich regelmäßig an den Kern dieser Sache? Führen Sie einfach diese Atemtechnik durch, wenn Sie etwas trinken, oder wenn Sie bewußt darauf verzichten. Wie die meisten kraftvollen Lösungen erscheint auch diese einfach. Wenden Sie sie an und achten Sie darauf, was Sie entdecken.
Sie haben jetzt einige konkrete Vorschläge für Ihre Rituale des Trinkens und des Nichttrinkens kennengelernt. Zum Schluß dieses Kapitels fasse ich sämtliche Schritte zusammen. Es empfiehlt sich auch, die zugrunde liegende Beschreibung vorne im Buch mehrmals aufmerksam zu lesen. Die hier folgende Zusammenfassung dient als Erinnerungsstütze, wenn Sie in der Öffentlichkeit trinken.

Das Trinkritual auf einen Blick

1. Beobachten Sie Ihr Verlangen nach einem Getränk. Spüren Sie, wie sich Ihr Körper in seinem Hunger nach Alkohol fühlt. Stimmen Sie sich auf Ihre Gefühle zu einem Getränk ein. Beachten Sie, was für Gedanken Sie darüber haben.

2. Achten Sie einige Atemzüge lang auf Ihre Atmung. Atmen Sie unter Zuhilfenahme Ihrer Bauchmuskeln vollständig aus. Genießen Sie dann das schöne Gefühl des Entspannens und Einströmens von Luft. Wiederholen Sie dies einige Male.

3. Achten Sie beim Atmen auf Ihre Umgebung. Während Sie sich umsehen, achten Sie darauf, ob Sie auf Ihre Atmung und Ihre Gefühle eingestimmt bleiben können. Seien Sie sich bei der Atemmeditation der Luft im Raum, der Geräusche und optischen Eindrücke bewußt. Lassen Sie Ihre Gedanken ruhig werden.

4. Wenn Ihr Glas leer ist, betrachten Sie es. Bringen Sie Ihr Gefühl der Leere am Ende des Ausatmens in Einklang mit der Leere Ihres Glases und achten Sie dabei auf Ihre Gefühle und Gedanken.

5. Erleben Sie das Füllen Ihres Glases sehr bewußt. Erkennen Sie die Bedeutung dieses Vorgangs, der den Alkohol in Ihre Reichweite bringt.

6. Warten Sie einige Augenblicke, bevor Sie den ersten Schluck nehmen. Betrachten Sie den Alkohol im Glas. Atmen Sie bewußt. Achten Sie auf Ihre Gefühle zu dem Getränk und welche Gedanken und Erkenntnisse auftauchen.

7. Nehmen Sie den ersten Schluck bewußt. Seien Sie sich der Bewegung von Arm und Hand bewußt, wenn Sie das Glas nehmen und davon trinken. Lassen Sie das Getränk etwas Bedeutendes und Positives sein. Übernehmen Sie Verantwortung für Ihre Handlung, damit Sie dabei ein gutes Gefühl haben — oder lassen Sie das Getränk stehen!

8. Erleben Sie den Schluck, den Sie gerade zu sich genommen haben. Stellen Sie das Glas ab. Bleiben Sie sich Ihrer Atmung bewußt. Reflektieren Sie über das, was Sie gerade getan haben. Stellen Sie fest, ob allein schon die Handlung Wirkung auf Ihr Bewußtsein hat, während Sie dabei die

Atemmeditation machen. Wenn es hilft, schließen Sie die Augen.

9. Spüren Sie, wie das Verlangen nach einem weiteren Schluck zunimmt. Nehmen Sie den nächsten Schluck so, wie den davor. Seien Sie offen für neue Gefühle, Empfindungen und Gedanken über das Trinkritual.

10. Mit weiteren Schlucken fortfahren. Nehmen Sie weitere Schlucke so langsam, wie es geht. Bleiben Sie offen für neue Erkenntnisse um ein tieferes Bewußtsein dessen, wie der Alkohol Ihre Wahrnehmung verändert.

11. Sich etwas zwischen den Schlucken vornehmen. Fangen Sie an, die Zeit zwischen den Schlucken mit Aktivitäten zu füllen, die Ihnen Freude machen. Sie könnten zum Beispiel tanzen. Oder tun Sie etwas Kreatives, woran Sie Spaß haben. Ihre Schlucke werden dann zu Bestandteilen eines größeren Rahmens von Aktivitäten.

12. Beenden Sie das Trinkritual bewußt. Bemühen Sie sich, Ihr Trinken auf ein oder höchstens zwei bewußt erlebte Getränke zu beschränken. Meditieren Sie einige Augenblicke lang über das leere Glas. Achten Sie darauf, welche Veränderungen im Laufe des Trinkrituals in Ihrem Geist und Körper eingetreten sind. Zeigen Sie sich Ihrem Bewußtsein gegenüber dankbar und gehen Sie Ihren üblichen Aktivitäten nach.

Wenn Sie mit Freunden zusammen trinken, wird es oftmals nötig sein, das Grundschema zu verkürzen und zu variieren. Deshalb empfiehlt es sich, mit jedem Schritt des Rituals zunächst alleine seine Erfahrungen zu sammeln, um so ein Gefühl dafür zu entwickeln. Danach können Sie sehen, wieviel davon sich auch in öffentlichen Situationen beibehalten läßt. Am wichtigsten ist, Ihr Trinken zu etwas werden zu lassen, das für Ihr Bewußtsein bedeutungsvoll, achtungswürdig und positiv ist.

Nun haben Sie eine praktische Zusammenfassung des Trinkrituals, und ich möchte Ihnen eine ebensolche Kurzdarstellung des Rituals des Nichttrinkens geben. Meine Empfehlung ist, jedem der Rituale mindestens eine halbe Stunde pro Woche zu widmen und sie alleine durchzuführen, wenn Sie ein handfestes Training zur Umwandlung Ihrer Trinkgewohnheiten absolvieren wollen. Auch das Ritual des Nichttrinkens kann Ihren Wünschen entsprechend für die Anwendung in gesellschaftlichen Situationen abgewandelt werden.

Das Ritual des Nichttrinkens auf einen Blick

1. Lehnen Sie ein Getränk ab. Entscheiden Sie sich in einem Moment, in dem Sie sich sonst ein Getränk nehmen oder bestellen würden, lieber dafür, zu erfahren, was geschieht, wenn Sie etwa eine halbe Stunde lang darauf verzichten.

2. Konzentrieren Sie sich auf Ihr Körpergefühl, wenn Sie auf ein Getränk verzichten. Achten Sie darauf, wie sich das körperliche Verlangen nach einem Getränk mit der Zeit verändert. Stellen Sie fest, welche körperlichen Spannungen Ihr Verlangen nach Alkohol auslöst.

3. Achten Sie besonders auf Ihre Atmung. Wenden Sie die Atemmeditation an, während Sie nicht trinken. Achten Sie einmal darauf, wie Sie sich mit Hilfe Ihrer Atmung entspannen können — ohne daß Sie dazu Alkohol brauchen.

4. Gestatten Sie Ihren Emotionen freie Entfaltung. Wenn Sie sich emotionell ohne Ihr Getränk unwohl fühlen, bietet das eine gute Gelegenheit, auf emotioneller Ebene Dinge loszulassen und zu wachsen. Atmen Sie durch den Mund und lassen Sie alle Gefühle aufsteigen und zum Ausdruck kommen.

5. Machen Sie regelmäßig Eintragungen in Ihrem Trinkjournal. Notieren Sie Ihre Körpergefühle bei jedem Ritual wie auch die Emotionen, die Sie frei aufkommen lassen oder unterdrücken. Halten Sie zusätzlich alle anderen Gedanken, Erkenntnisse und Gefühle fest, die sich bei den Ritualen einstellen, damit Sie später alles nachlesen können.

6. Erleben Sie Freuden ohne Alkohol. Sorgen Sie dafür, daß Sie die halbe Stunde ohne Alkohol als Begleiter genießen. Hören Sie sich Musik an, lieben Sie Ihre Partnerin oder Ihren Partner, machen Sie, was Sie wollen, solange Sie sich dabei bewußt bleiben können, daß Sie ein nichtalkoholisches Ritual durchführen. Achten Sie darauf, wie Sie auf den Verzicht zu einer Zeit reagieren, in der Sie sonst trinken würden.

7. Reagieren Sie auf Ihren Erfolg mit Stolz. Sie können nichts falsch machen, wenn Sie sich selbst bestätigen, daß Sie etwas Heldenhaftes vollbracht haben, weil Sie dem Verlangen nach einem Getränk widerstanden und ihm nicht nachgegeben haben. Genießen Sie es, einen riesigen Schritt hin zur Mäßigung gemacht zu haben.

Zwischen den Ritualen des Trinkens und des Nichttrinkens liegt das Doppelritual. Es ist oft sehr wirksam beim Durchbrechen von gesellschaftlichen Trinkgewohnheiten und kann alleine oder gemeinsam mit Freunden durchgeführt werden. Das Doppelritual findet bereits statt, wenn Sie ein Getränk angeboten bekommen, es auch nehmen, jedoch nicht sofort trinken. Es unterscheidet sich von dem Trinkritual, bei dem Sie das Trinken auch hinauszögern, dadurch, daß Sie hier mindestens fünf Minuten vergehen lassen, bevor Sie den ersten Schluck nehmen. In diesen fünf Minuten erfahren Sie die erste Phase des Rituals des Nichttrinkens vollständig. Anschließend gehen Sie in das Trinkritual über.

Das Doppelritual auf einen Blick

1. Bestellen Sie oder nehmen Sie sich das gewünschte Getränk. Sagen Sie sich, daß Sie diszipliniert vorgehen werden und Ihr Getränk mindestens fünf Minuten vor sich stehenlassen werden, bevor Sie den ersten Schluck nehmen.

2. Betrachten Sie Ihr Getränk und achten Sie auf Ihre Atmung. Erspüren Sie Ihr Verlangen nach dem Getränk, indem Sie Ihr Körpergefühl beim Atmen wahrnehmen. Machen Sie die Atemmeditation, um festzustellen, ob das Verlangen nach dem Getränk so überwunden werden kann.

3. Lassen Sie emotionellen Druck ab, den Sie eventuell spüren. Atmen Sie durch den Mund, wenn Sie emotionellen Druck empfinden. Stoßen Sie Laute aus, wenn Ihnen danach ist und akzeptieren Sie Ihre Gefühle. Wenn Sie sich auf sie konzentrieren und ihnen gestatten, sich auszudrücken, werden sie sich verändern.

4. Nehmen Sie sich nichtalkoholische Getränke, wann immer Ihnen danach ist. Entdecken Sie, inwieweit Ihr Verlangen

nach einem Getränk durch etwas Alkoholfreies wie Fruchtsaft zu stillen ist. Lernen Sie dabei die Qualitäten von Mineralwasser und Säften schätzen, und räumen Sie alkoholfreien Getränken einen großen Stellenwert in Ihren Trinkgewohnheiten ein.

5. Notieren Sie sich Ihre Erfahrungen. Führen Sie Ihr Journal über Gefühle, Empfindungen, Gedanken und intuitive Erkenntnisse bei jedem Ritual konsequent weiter. Zweifellos werden Sie bei jedem Ritual einmalige neue Erfahrungen haben, die Sie mit den bisherigen vergleichen können.

6. Konzentrieren Sie sich auf Ihr Getränk, wenn die fünf Minuten verstrichen sind. Beachten Sie, wie sich Ihr Verlangen nach Alkohol in nur fünf Minuten verändert hat. Notieren Sie, ob es jetzt stärker, schwächer oder gleich stark wie zu Beginn ist. Wenn Sie weitere fünf Minuten ohne das Getränk auskommen können, tun Sie das. Vielleicht werden Sie entdecken, daß Sie das gesamte Ritual des Nichttrinkens durchführen können, auch wenn ein Getränk vor Ihnen steht.

7. Wenn Sie dann wollen, nehmen Sie Ihr Getränk unter Einhaltung des Trinkrituals zu sich. Wenn Sie nun doch Ihr Getränk trinken wollen, tun Sie es bewußt und folgen Sie den Schritten wie für das Trinkritual beschrieben.

Mit diesen drei Grundritualen als Richtlinien können Sie natürlich soviel variieren, wie Sie möchten, wann immer Ihr Verlangen nach Alkohol Sie in Versuchung bringt. Die Herausforderung an Sie ist, bei jedem einzelnen Getränk das Trinkritual beizubehalten. Dieses Ziel sollten Sie stets anstreben, auch wenn Sie es nicht immer erreichen.
Jeder der beschriebenen Schritte bietet viele subtile, aber den-

noch wirkungsvolle Gelegenheiten für persönliches Wachstum und Fortschritt in einen neuen Lebensabschnitt. Das Meistern der Mäßigung beim Alkohol wird nicht nur Ihre Trinkgewohnheiten beeinflussen. Vielmehr wird es sich positiv auf alle Lebensbereiche auswirken, in denen Sie Ihre Grenzen überschreiten. Das betrifft besonders Ihre Eßgewohnheiten, Ihre Fitneß-Programme und andere Aktivitäten, die von einer zwanghaften, unzufriedenen Einstellung sich selbst gegenüber gekennzeichnet sind. Selbstverständlich lassen sich die grundsätzlichen Methoden dieses Buches auch bei Problemen mit Suchtmitteln jeder Art anwenden.

11

Anderen eine Hilfe sein

Auch wenn man am Anfang eines solchen Programms zur Beherrschung der eigenen zwanghaften Trinkgewohnheiten steht, ist es wichtig zu erkennen, daß man auch anderen, die das gleiche benötigen, helfen kann.

Der wirkungsvollste Weg, Menschen zu positivem inneren Wachstum zu bewegen, ist, wie Christus bereits vor 2000 Jahren zeigte, nicht durch Predigen, sondern am eigenen Beispiel. Nichts ist jemandem, der das Trinken einschränken oder aufhören will, lästiger als jemand, der selbst weitertrinkt und gegen die Übel des Alkohols wettert und bei jedem Getränk an das schlechte Gewissen appelliert.

Dagegen ist nichts hilfreicher als das Beispiel eines Freundes, der ruhig und bewußt die Mäßigung seiner eigenen Trinkgewohnheiten meistert. Man nimmt das zur Kenntnis. Ohne daß darüber gesprochen werden muß, entsteht im Freundeskreis neue Achtung gegenüber diesem Menschen. Wenn man Ihnen ein Getränk anbietet und Sie antworten ganz natürlich: »Gerne, aber bitte etwas ohne Alkohol«, werden Ihre Freunde davon mehr beeindruckt sein, als wenn Sie sagen würden: »Oh, ich trinke doch keinen Alkohol mehr, also brauchst du mich das nicht zu fragen. Trinkst du denn noch?«

Der Schlüssel zum Erfolg heißt Bescheidenheit.

Wenn Sie Ihren Konsum schrittweise verringern und Ihr Leben ständig schöner wird, werden manche Freunde Sie fragen, wie Sie das geschafft haben. Sie können ihnen dann die Methoden umreißen, die sich für Sie als wirksam erwiesen haben.

Viele von Ihnen haben wahrscheinlich Freunde, Partner oder Kollegen, die sich mit Alkohol selbst schaden und dadurch auch die Beziehung zu Ihnen beeinträchtigen. Wenn Sie solche Menschen auf ein Programm wie dieses ansprechen, gehen Sie bitte äußerst behutsam vor. Viele Leute reagieren leider sehr ablehnend, wenn jemand vorschlägt, daß sie sich um ihre Trinkgewohnheiten kümmern sollten. Das treibt sie oft weg von praktischen Programmen, mit denen sie sich sonst vielleicht befaßt hätten.

Wie Sie wohl von sich selbst wissen, haben die meisten Trinker eine defensive Einstellung und sind abweisend, wenn jemand sie auf ihr Problem hinweist. Meistens heißt es dann, daß sie gar kein Problem haben und mit dem Alkohol gut zurechtkommen. Es ist ein sehr empfindlicher Punkt.

Lassen Sie also Zeit vergehen, in der Sie Ihre eigene Fähigkeit unter Beweis stellen, Ihren Konsum spürbar zu verringern. Eine Anzahl von Wochen sollte verstreichen, während der Sie, ohne es an die große Glocke zu hängen, bedeutend weniger trinken, wenn Sie zusammen sind. Achten Sie darauf, ob Ihre Freunde den ersten Schritt machen und Sie fragen, wie Sie dieses Wunder zustande gebracht haben.

Auch sollten wir uns vor Augen halten, daß wirklich Alkoholsüchtige Schwierigkeiten mit diesem Programm haben könnten und sich vielleicht nur mit Therapie und völliger Enthaltsamkeit von der Sucht befreien können. Sie sollten sich nicht so verhalten, daß sich jemand schuldig und unzulänglich fühlt, wenn er mit den gleichen Methoden versagt, mit denen Sie erfolgreich waren. Es ist wichtig, diese Möglichkeit klar zu besprechen, weshalb ich in diesem Buch darauf auch hingewiesen habe.

Wesentlich positiver wäre es, wenn jemand, mit dem Sie regelmäßig trinken, die Mäßigung gerne mit Ihnen zusammen meistern möchte. Vielleicht trinkt Ihre Partnerin oder Ihr Partner regelmäßig mit Ihnen, und Sie beide wissen, daß es zuviel ist. Da

Ihre Trinkgewohnheiten miteinander verflochten sind, bietet es sich an, drei Monate der Mäßigung sowie die Rituale gemeinsam zu erleben.
Überlegen Sie also, mit wem Sie über diese Möglichkeit sprechen möchten. Wenn Sie jemanden haben, sollten Sie beide dieses Buch lesen, einige der Meditationen und Reflexionen zusammen machen und sich das Ziel gemeinsam vornehmen.
Wenn Sie jemanden kennen, der kein derartiges Problem hat, kann es sehr hilfreich sein, sich regelmäßig mit diesem Menschen zusammenzusetzen, um Ihren Fortschritt zu besprechen. Ein Außenstehender kann bei dem Ritual des Nichttrinkens und dem Besprechen Ihrer Gefühle dabei eine große Hilfe sein. Dieser Freund sollte das Buch auch lesen, um eingehend verstehen zu können, welchen Weg Sie sich vorgenommen haben.
Da ich ein Therapeut bin, will ich erwähnen, daß sich viele Therapeuten freuen, wenn sich jemand wie Sie meldet, nicht um eine vollständige Therapie zu beginnen, sondern um einmal alle ein bis zwei Wochen eine Stunde zur Beratung zu kommen, die das schriftliche Programm ergänzt. Wenn Sie sich bereits in therapeutischer Behandlung befinden, wird Ihr Therapeut sich sicherlich freuen, daß Sie sich ein solches Programm vorgenommen haben, und wird Ihnen nach Möglichkeit helfen.
Es gibt einen alten Leitgedanken, der auf einfache Weise genau das trifft, was ich meine: »Wir alle müssen uns alleine dem Problem stellen und selbst etwas unternehmen, um unsere Lebenssituation zu verbessern. Gleichzeitig brauchen wir aber soviel Hilfe, wie wir nur bekommen können!«
Helfen Sie sich also selbst und nehmen Sie jede Hilfe an, die sich Ihnen bietet. Seien Sie eine Hilfe für die Menschen um Sie herum, besonders indem Sie zum Erfolgsbeispiel werden.
Ich wünsche Ihnen also für Ihr weiteres Leben gute Erfahrungen ohne Alkohol, und daß Sie tatsächlich die positive Beziehung dazu aufbauen, von der hier die Rede ist. Ich schließe mit dem

nochmaligen Gedanken, daß Sie freundlich mit sich selbst umgehen sollten, sich vernünftige Ziele setzen und sich die Zeit lassen, diese auch zu erreichen. Das Meistern der Mäßigung ist an sich eine schöne Erfahrung, die nicht erzwungen oder übereilt herbeigeführt werden kann. Wenn Sie im Umgang mit Alkohol Mäßigung erlernt haben, können Sie auf die gleiche grundsätzliche Weise Vernunftgrenzen in all Ihren Lebensbereichen bestimmen und meistern.

Die Kassetten zu allen im Knaur Verlag erschienenen Büchern von John Selby sind beim SSG-Verlag erschienen. Sie sind über den Buchhandel oder über den SSG-Verlag, Alte Schule, 3544 Waldeck 1, zu beziehen.

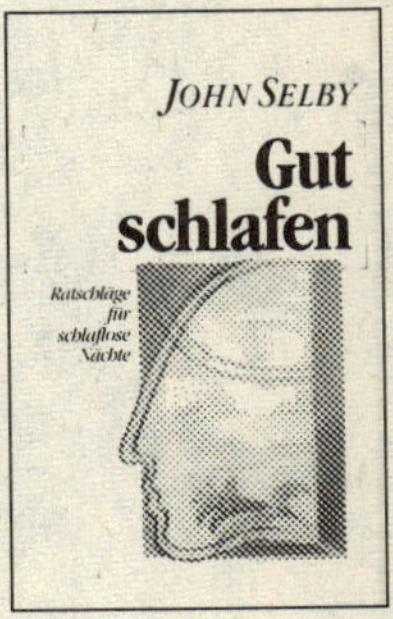

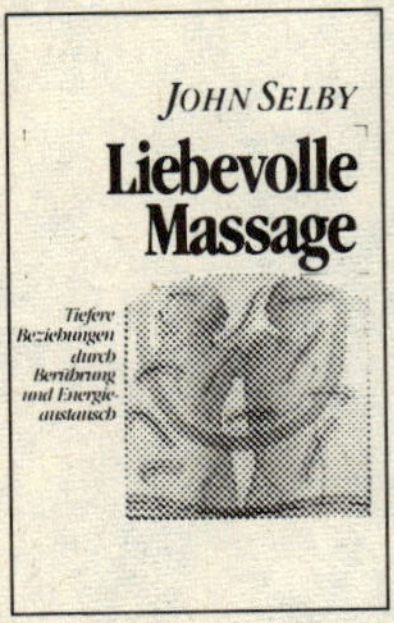

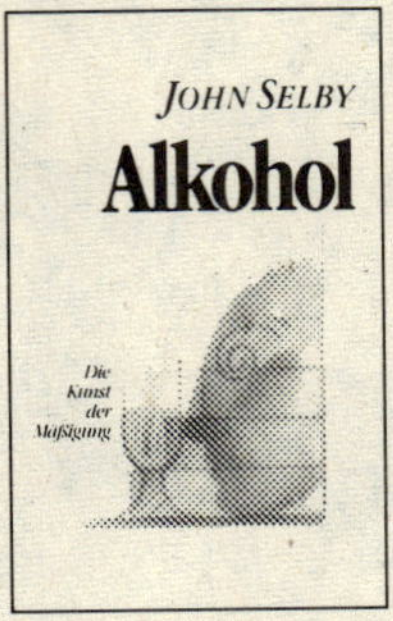